예수님이 가르쳐준 공부법

예수님이 가르쳐준 공부법

이인석 지음

살림

여호와는 나의 목자시니 내게 부족함이 없으리로다.

그가 나를 푸른 풀밭에 누이시며 쉴만한 물가로 인도하시는도다.

(시편 23:1-2)

　　사랑하는 청소년 여러분과 함께 호흡할 수 있는 기회를 주신 하나님께 감사드립니다. 지금까지 여섯 권의 청소년 교육도서와 세 권의 자기계발 서적을 발표해온 저에게 다시금 청소년 친구들을 위한 책을 쓸 수 있는 용기와 힘을 주신 깊은 은혜에 거듭 감사드립니다. 이것은 크리스천에게 주어지는 하나님의 축복이라고 생각합니다.

　　주일마다 예배를 드릴 수 있는 것도 하나님의 크나큰 사랑이십니다. 지난 주일에는 교우들과 함께 야외로 나가서 예배를 드렸습니다. 비가 내린 다음 날의 공원은 얼마나 아름다운지요! 맑게 갠 하늘에선 천상의 햇살이 생명수처럼 쏟아져 내렸고, 산새들이 지저귀는 소리는 천사들의 합창인 양 싱그러웠습니다. 우리는 하늘의 융단을 깔아놓은 듯 맑고 푸른 잔디밭에서 즐거운 마음으로 예배를 드렸고, 김밥과 빵으로 떡을 떼고 나서 재미난 게임도 하며 하나님의 자녀들이 누릴 수 있는 축복의 시간을 가졌습니다.

청소년 여러분도 크리스천으로서의 축복을 받을 수 있습니다. 은혜와 감사의 멋진 축복을 받기 위해서는 가정, 교회, 학교가 현실 세계의 세 기둥을 이루어야 합니다. '가정·학원·학교'가 아니라 '가정·교회·학교'입니다. 가정·교회·학교의 세 기둥 중에서 청소년 시절을 알차게 보내는 데 있어서 가장 중요한 역할을 하는 곳을 하나 꼽으라고 하면 선택하기가 쉽지 않습니다. 다리가 세 개 달린 세발솥이 어느 한 부분만 부실해도 금방 넘어지듯, 가정·교회·학교 이 세 기둥은 모두 중요하기 때문입니다.

좀처럼 성적이 오르지 않아서 힘들어하는 크리스천 청소년이 있다면 이 세 기둥 중에 어느 하나가 삐걱거리기 때문이거나 공부를 제대로 하지 않았기 때문입니다. 가정에서 출발하여, 교회와 학교가 세 개의 기둥을 이루었을 때, 가장 이상적인 교육환경이 조성됩니다. 그리고 그 중심에는 언제나 하나님이 계십니다. 하나님의 도우심으로 청소년 시절의 중심을 잘 잡아나갈 수 있기를 주님의 이름으로 축원합니다.

가정은 최소 단위의 교회요, 학교입니다. 가정예배를 통해서 믿음의 생활을 나누고 하나님 말씀을 전하는 복된 장소가 바로 가정입니다. 따라서 우리는 집에서 공부할 때에도 교회의 예배당에서 기도를 드리는 마음가짐으로 해야 합니다. 하나님은 늘 우리와 함께 하시며 우리를 지켜보고 계십니다.

또한 가정은 학교의 최소단위이자 학교의 완성이라고 할 수 있습니다. '가정이라는 이름의 학교'에서 부모는 자식을 힘써 가르치고, 자식은 부모에게 효를 다해야 합니다. 부모는 자식을 가르치고 자식은 부모에게 효를 다하는 것이 공부의 출발점입니다. 예수님께서 이 땅에 오실 수 있었던 것은 마리아의 헌신과 요셉의 믿음이 있었기에 가능했습니다. 마리아의 헌신과 요셉의 믿음을 한 단어로 압축하면 '사랑'입니다. "하나님은 사랑"(요한일서 4:16)이십니다.

사랑은 오래 참고 사랑은 온유하며 시기하지 아니하며 사랑은 자랑하지 아니하며 교만하지 아니하며 무례히 행하지 아니하며 자기의 유익을 구하지 아니하며 성내지 아니하며 악한 것을 생각하지 아니하며 불의를 기뻐하지 아니하며 진리와 함께 기뻐하고 모든 것을 참으며 모든 것을 믿으며 모든 것을 바라며 모든 것을 견디느니라.

(고린도전서 13:4~7)

사랑의 마음으로 감사드립니다.

『예수님이 가르쳐준 공부법』에 눈부신 축복의 말씀을 해주신 목사님과 선생님 제위께 감사드립니다. 그리고 살림출판사의 심만수 사장님과 김병규 선생님, 배주영 선생님과 정은선 선생님을 비롯해 이 책이 나올 수 있도록 따뜻한 사랑과 헌신을 해주신 출판사 가족 여러분의 '문서선교 사역'에 깊은 감사의 마음을 전합니다.

하나님의 사랑을 함께 나누며 동행해 주신 많은 분들께 감사드리며, 이제부터 손에 손을 잡고 '공부복음의 길'로 출발합니다.

2007년 8월

이인석

CONTENTS

3부 **논술편**–논술 학습법

1. 천지창조의 원리로 논술하세요
– 에덴동산의 논술경시대회 … 261

2. 실전논술의 원리로 정복하세요
– 예수님과 사마리아 여인의 대화 … 283

공부복음

– 세상의 모든 시험문제는 성경에서 출발합니다

지은 것이 하나도 그가 없이는 된 것이 없느니라.

(요한복음 1:3)

예수님이 이 땅에 오신 분명한 목적

예수님이 이 땅에 오신 목적이 인류를 구원하기 위해서라는 것이 사실이라면, 오늘날 수많은 수험생들이 힘들게 공부하고 입시지옥에 시달리고 있는 이유는 무엇 때문일까? 왜 과도한 경쟁에 휩쓸려야 하며 성적이 오르지 않는다고 비관해야만 할까? 심지어 공부 스트레스를 이기지 못해 스스로 목숨을 끊고 싶어하는 친구들도 있다.

"우리 애 때문에 걱정이 이만저만이 아니에요. 매일 자살에 관한 책만 보고……."

강남의 대치동에 살고 있는 어느 학부모의 고백이다. 공부도 어느 정도 하는 편이고 게다가 교회에 다니고 있는 크리스천 청소년인 그 친구는 도대체 왜 매일 자살에 관한 책만 보고 있는 것일까? 교회에 다니는 친구가 그런 끔찍한 생각을 하다니! 무엇이 잘못된 걸까?

예수님은 인류를 구원하기 위해 이 땅에 오셨고 우리는 구원받은 크리스천이며, 매주 교회에 나가 열심히 예배를 드리고 있는데 공부만큼은 왜 여태껏 구원을 받지 못했을까?

사실은 구원을 받지 못한 것이 아니다. 구원받은 크리스천에게는 공부에 대한 구원도 주어진다. 단지 우리가 그것을 깨닫지 못하고 있을 뿐이다. 예수님은 이미 우리가 나기 전부터 우리에게 공부에 대한 구원을 예정해 주셨으며, 우리가 예수님을 믿기 시작한 그 순간부터 이미 공부에 대한 구원을 이루었다.

그런데도 아직까지 공부를 잘하지 못하는 크리스천 청소년이 있다면, 이는 자신이 공부에 대한 구원을 이루었다는 사실을 미처 깨닫지 못하고 있거나, 크리스천 청소년으로서의 공부 방법을 제대로 모르고 있기 때문이다.

비단 공부에 대한 구원뿐만이 아니다. "항상 기뻐하라 쉬지 말고 기도하라 범사에 감사하라"(데살로니가전서 5:16-18)는 성경 말씀만 잘 지켜도 우리의 생활은 180도 달라진다. 성경 말씀을 깊이 묵상하며 믿음생활을 잘 이어나간다면, 어찌 공부가 힘들 수 있으며 성적이 잘 오르지 않는다고 비관할 수 있겠는가.

우리는 구원받은 크리스천이다. 예수님을 믿는다는 것은 예수님을 내 마음의 구주로 받아들였다는 것이다. 예수님을 믿는 크리스천은 예수님께 매달려야 한다. 구원받은 하나님의 자녀로서 공부가 힘들 때면 예수님께 매달리고, 기쁠 때나 슬플 때나 늘 간절히 기도드려야 한다. 그렇게 눈이 시리도록 아름다운 청소년 시절의 푸른 강물을 건너가야 한다. 그러기 위해서 우리는 '예수님은 공부에 대한 구원을 어떻게 이루어주셨으며, 성경은 예수님의 공부복음을 어떻게 가르쳐 주고 있는가?'를 분명히 알아야 한다.

예수님은 우리를 구원해 주셨다

'시험지를 미리 손에 넣을 수만 있다면 얼마나 좋을까?'

부끄러운 고백이지만 필자는 어린 시절 시험 전날에 종종 엉뚱한 상상을 했었다. '시험문제를 미리 구할 수만 있다면 얼마 좋을까. 그럴 수만 있다면, 시험을 잘 치르는 건 식은 죽 먹기일 텐데…….', '눈이 펑펑 와서 길이 다 막혀 버렸으면 좋겠어.', '밤새 비가 내려서 학교 가는 길이 다 떠내려가면 얼마나 좋을까!'

불행인지 다행인지 그런 일은 한 번도 일어나지 않았다. 천재지변으로 시험이 연기되는 사태는 일어나지 않았으며, 더군다나 시험문제를 미리 입수할 수도 없었다. 그때부터 지금까지 필자는 무수히 많은 시험에 시달려야 했다. 졸음을 쫓느라 한겨울에 찬물에 세수를 해야 했으며, 시험을 치르다 코피를 흘린 적도 있었다.

한 가지 재미있는 사실은, 그것이 필자 혼자만의 특이한 경험이 아니라는 것이다. 공부는 많은 사람들을 따분하게 만들고, 시험은 더 많은 사람들을 불안하게 만든다. 적어도 '세상의 모든 시험문제가 성경에서 출발하고 있다'는 사실을 알아채지 못할 때까지는 그렇다. 또 예수님이 우리를 공부에서 구해주셨다는 사실을 깨닫지 못할 때까지는 그렇다.

예수님은 우리를 두 가지 방법으로 구원해 주셨다. 첫째, 세상의 모든 시험문제를 미리 가르쳐 주셨다. 둘째, 공부를 잘하는 방법을 이미 가르쳐 주셨다. 예수님은 이 두 가지를 성경을 통해서 가르쳐 주셨다. 성경은 세상 모든 시험문제의 출발점이며, 크리스천 청소년으로서 공부를 잘하는 방법이 고스란히 들어 있다.

'세상의 모든 시험문제가 성경에서 출발하고 있다'는 사실은 세상의 많은 수험생들에게 값진 복음과도 같은 소식이다. '세상의 모든 시험문제가 성경에서 출발하고 있다'는 복음을 독자 여러분께 전해 드리며 이 책은 이렇게 시작된다. 하늘 문이 열리고 '공부복음'이 전해진 것이다. '공부복음'이란 공부를 잘해서 좋은 성적을 거두는 방법을 가르쳐 줄 뿐만 아니라, 시험문제를 미리 가르쳐 주는 기쁜 소식을 말한다.

"세상의 모든 시험은 성경에서 출발한다!" 과연 그럴까? 이 사실
은 쉽게 증명할 수 있다.

첫째, "태초에 하나님이 천지를 창조하시니라"는 창세기 1장 1절
의 말씀으로 성경이 시작된다는 사실이 "하늘 아래 모든 시험은 성
경에서 출발한다!"는 것을 증명한다. 하늘 아래 모든 시험은 천지
창조 이후에 생겨났기 때문에, 세상의 '출발점'이 명시되어 있는 성
경에서 당연히 '출발'하는 것이다.

둘째, "하늘 아래 모든 시험은 성경에서 출발한다!"는 말은 "하늘
아래 모든 시험은 그리스도로부터 출발한다!"는 것과 같은 뜻이다.
"그가 태초에 하나님과 함께 계셨고 만물이 그로 말미암아 지은 바
되었으니 지은 것이 하나도 그가 없이는 된 것이 없느니라"(요한복음
1:2-3)는 말씀이 이 말을 증명하고 있다. 요한복음 말씀을 NIV 영어
성경으로 보면 "He was with God in the beginning. Through him
all things were made; without him nothing was made that has been
made."이다. 세상의 모든 시험문제는 그로 말미암아 출제되었으니,
하늘 아래 모든 시험은 성경에서 출발한다.

셋째, 대입 논술 문제를 몇 개만 살펴보면 금세 증명된다. 논술 문제를 살펴보면, "하늘 아래 모든 시험은 성경에서 출발한다!"는 것뿐만 아니라 "크리스천 청소년들이 교회에 다니지 않는 청소년들보다 공부를 하는 데 있어 훨씬 더 유리하다"는 사실도 쉽게 증명된다. 다음의 '서울대 2008학년도 논술고사 예시문항'을 보자.

서울대 2008학년도 논술고사 1차 예시문항(인문계열)

(가) 대지와 그것에 속하는 모든 것은 인간의 부양과 안락을 위해서 모든 인간에게 주어진 것이다. 그리고 대지에서 자연적으로 산출되는 모든 과실과 거기서 자라는 짐승들은 자연발생적인 작용에 의해서 생산되기 때문에 인류에게 공동으로 속한다. 따라서 그러한 것들에 대해서는 그것들이 자연적인 상태에 남아 있는 한, 어느 누구도 처음부터 다른 사람을 배제하는 사적인 지배권을 가지지 않았다. 하지만 사람들에게 이용하도록 주어진 이상, 그것들을 특정한 사람이 일정한 용도에 맞게 사용하거나 그것으로부터 이득을 얻기 위해서는 이러저러한 방법으로 그것들을 수취할 수 있는 수단이 있어야 마땅하다. (중략)

비록 대지와 모든 열등한 피조물은 만인의 공유물이지만, 그러나 모든 사람은 자신의 인신(人身)에 대해서는 소유권을 가지고 있다. 이것에 관해서는 그 사람 자신을 제외한 어느 누구도 권리를 가지고 있지 않다. 그의 신체의 노동과 손의 작업은 당연히 그의 것이라고 말할 수 있다. 그렇다면 그가 자연이 제공하고 그 안에 놓아 둔 것을 그 상태에서 꺼내어 거기에 자신의 노동을 섞고 무언가 그 자신의 것을 보태면, 그럼으로써 그것은 그의 소유가 된다. 그것은 그에 의해서 자연이 놓아둔 공유의 상태에서 벗어나, 그의 노동이 부가한 무언가를 가지게 되며, 그 부가된 것으로 인해 그것에 대한 타인의 공통된 권리가 배제된다. (중략)

이러한 견해에 대해서는 아마도 다음과 같은 반론이 제기될 법하다. 만약 대지의 도토리나 다른 과실 등을 주워 모으는 것이 그것들에 대한 권리를 준다면, 누구든지 그가 원하는 만큼 많은 양을 독점하게 될 것이라는 반론이 그것이다. 이에 대해서 나는 그렇지 않다고 답변하겠다. 우리에게 이런 수단을 통해서 소유권을 부여하는 동일한 자연법이 또한 그 소유권을 제한하기 때문이다. **"하나님은 우리에게 모든 것을 풍성히 주셔서 즐기게 해주시는 분이십니다."**("디모테오에게 보낸 첫째 편지", 6:17)라는 구절은 영감에 의해 확인된 이성의 목소리이다. 그러나 하나님은 우리에게 얼마나 주셨는가? 즐길 수 있는 만큼. 어느 누구든지 그것이 썩기 전에 삶에 이득이 되도록 사용할 수 있는 만큼 주셨다. 곧 그가 자신의 노동에 의해 자신의 소유로 확정할 수 있는 만큼 주셨던 것이다. 그것보다 많은 것은 그의 몫을 넘어서며, 다른 사람의 몫에 속한다. 하나님은 그 어떤 것도 인간이 썩히거나 파괴해 버리도록 만들지는 않았다. (중략)

이런 식으로 토지를 개량함으로써 그 일부를 수취하는 것은 그 밖의 다른 사람에게 아무런 피해가 되지 않는다. 왜냐하면 여전히 많은 토지가 남아 있고, 아직 토지를 가지지 못한 자가 사용할 수 있는 것보다 더 많은 토지가 남아 있기 때문이다. 그리하여 결과적으로 어떤 사람이 울타리를 치는 행위로 인해 다른 사람에게 토지가 적게 남아 있는 일이란 있을 수 없다. 왜냐하면 다른 사람이 사용할 수 있을 만큼 많이 남겨놓은 사람은 전혀 아무 것도 취하지 않은 것이나 마찬가지이기 때문이다. 어떤 사람도 다른 사람이 물을 잔뜩 퍼마셨다고 해서 피해를 입는다고 생각할 수 없다. 왜냐하면 그에게는 갈증을 충분히 만족시킬 수 있는 전과 다름없는 강물이 남아 있기 때문이다. 따라서 토지든 물이든 둘 다 충분히 남아 있는 경우라면 사정은 전적으로 동일하다.

- 존 로크, 『통치론』 5장

제시문의 중간에 굵게 표시된 "하나님은 우리에게 모든 것을 풍성히 주서서 즐기게 해주시는 분이십니다."가 바로 성경 구절이다. 성경 구절이 서울대 논술고사 문제에 출제된 것이다. '디모테오에게 보낸 첫째 편지'는 다름 아닌, 신약성서의 '디모데전서'를 일컫는 말이다.

많이 사용되는 한글 성경 역본에는 크게 네 가지가 있다. 그 중 '개역한글'은 한문투로 되어 있으며 주로 40대 이상의 어른들이 많이 보고 있다. 그 '개역한글'을 우리말로 다듬은 것이 '개역개정'인데, 현재 예배의 대체적인 흐름이 개역한글에서 개역개정으로 넘어가고 있는 추세다.

또 한 가지가 '공동번역'이다. 공동번역은 말 그대로, 기독교의 양대 산맥을 이루고 있는 가톨릭과 개신교가 공동으로 번역한 것이다. 서울대 제시문에서 취한 번역본이 바로 이 공동번역이다. '디모데전서'를 '디모테오에게 보낸 첫째 편지'라고 표현한 것도 공동번역의 결과물이다. 끝으로 '표준새번역'이 있다. 이 번역본이 우리의 현대 상용어와 비교적 가깝다고 할 수 있지만, 몇 가지 번역상의 미흡함이 있는 건 사실이다.

이 네 가지 번역본을 전부 소개하는 이유는 '공부와 교회와의 상관관계'를 밝히기 위해서다. 다시 서울대 논술고사 제시문으로 돌아가서, 이 성경 구절을 네 가지 번역본으로 살펴보면 다음과 같다.

디모데전서 6장 17절의 번역 비교

개역한글 : 네가 이 세대에 부한 자들을 명하여 마음을 높이지 말고 정함이 없는 재물에 소망을 두지 말고 오직 우리에게 모든 것을 후히 주사 누리게 하시는 하나님께 두며.

개역개정 : 네가 이 세대에서 부한 자들을 명하여 마음을 높이지

말고 정함이 없는 재물에 소망을 두지 말고 오직 우리에게 모든 것을 후히 주사 누리게 하시는 하나님께 두며.

공동번역 : 이 세상에서 부자로 사는 사람들에게 명령하시오. 교만해지지 말며 믿을 수 없는 부귀에 희망을 두지 말고 오히려 하느님께 희망을 두라고 이르시오. 하느님은 우리에게 모든 것을 풍성히 주셔서 즐기게 해주시는 분이십니다.

표준새번역 : 그대는 이 세상의 부자들에게 명령하여, 교만하지도 말고, 덧없는 재물에 소망을 두지도 말고, 오직 우리에게 모든 것을 풍성히 주셔서 즐기게 하시는 하나님께 소망을 두라고 하십시오.

같은 의미를 담고 있지만, 네 가지 번역이 조금씩 다른 느낌으로 다가온다. 그 의미를 분명히 하고 싶으면, 영어 성경을 찾아보면 된다.

NIV : Command those who are rich in this present world not to be arrogant nor to put their hope in wealth, which is so uncertain, but to put their hope in God, who richly provides us with everything for our enjoyment.

이쯤 되면 성경 구절 하나로 논술은 물론 국어, 영어, 사회를 통합적으로 습득할 수 있음을 알 수 있을 것이다.

놀라운 일이다. 논술 하나만 놓고 봐도, 교회에 다니는 학생이 더 유리하다는 것은 불을 보듯 뻔하다. 비단 논술고사에서 그치는 것이 아니다. 공부를 하는 데 있어 교회에 다니는 학생이 더 유리하다는 것은 모든 과목에 해당된다. 수학이나 과학도 교회에 다니는 학생이 훨씬 유리하다. 이에 관한 이야기는 2부에서 상세하게 언급하겠다.

성균관대와 이화여대에서 출제되었던 다음의 문제는 '성경과 시험문제'와의 상관관계를 다시 한 번 보여주고 있다.

성균관대 2005학년도 수시 1학기 심층면접

'파스칼의 내기(Pascal's Wager)'에 관한 다음 지문을 읽고 물음에 답하시오. '도박꾼의 주장(Gambler's argument)'으로도 잘 알려진 '파스칼의 내기'는 신을 믿어야 할 것인가 말 것인가를 결정해야 하는 상황에 처해 있는 도박꾼의 '합리적' 선택 행위에 관한 것이다.

제시문 우리는 신이 존재하는지 존재하지 않는지를 알 수 없기 때문에, 마치 도박이 벌어지기 전에 그 도박의 가능한 결과들을 추측하며 판돈을 걸듯이, 우리의 믿음 여하에 따라 달라질 수 있는 운명적 결과들 - 영원한 생명(천국)과 영원한 저주(지옥) - 을 예상해보고 신을 믿을 것인지 말 것인지를 선택해야 한다. 이런 상황에서 불가지론자는 신이 존재할 수도 존재하지 않을 수도 있다고 생각하기 때문에 어떤 쪽도 선택하지 않는다. 신이 존재한다는 확신이 없는 상황에서 신이 존재한다고 믿는 것은 참된 믿음이 아닐 뿐만 아니라 양심을 기만하는 행위라고 생각하기 때문이다. 하지만 도박꾼은 어떤 선택을 할 것인가? 도박꾼은 사실적 증거나 양심의 소리에 상관없이 예상되는 이익과 손해를 비교하며 선택(도박)을 한다. 도박꾼에게 있어 가장 합리적인 선택은 가능한 한 최고의 상금을 탈 수 있으면서도, 손해를 볼 경우에는 그 손해를 최소화할 수 있는 선택을 하는 것이다. 이런 도박꾼의 입장에 따르면 최선의 합리적인 선택은 신을 믿는 것이다.

　선택의 최종적 결과는 몇 가지 상황으로 나타날 수 있을 것이다. 그중 첫째 상황은 신의 존재를 믿기로 결정하고 이긴 경우로(즉, 신이 존재할 경우), 최고의 상금인 '영원한 생명'을 얻을 것이다. 하지만 영원한 생명을 얻는 대가로 이 세상에 살 동안은 자신의 뜻보다는 신의 뜻에 복종하며 금욕적인 생활을 감수해야 할 것이다.

　[단계 I] 아래의 질문에 답하시오.

　문제 1. 선택의 결과는 몇 가지 경우로 나타날 수 있는가?

　문제 2. 각각의 경우에 도박꾼은 어떤 상금(보상)을 얻고 어떤 희생(손실)을 예상하겠는가?

[단계 II] 아래의 질문에 답하시오.

문제 1. 신의 존재에 대한 '도박꾼의 내기'는 그 결과와 상관없이 어떤 문제점을 안고 있다고 생각하는가? 믿음과 양심의 본질을 생각해 보고 이 질문에 답하시오.

문제 2. 자유민주주의 하에서 개인들은 양심과 신앙의 자유를 누린다. 국가가 이런 자유들을 왜 존중해야 하는가에 대한 이유를 생각해 보고, 최근 우리 사회에서 중요한 사회 문제가 되고 있는 '양심적 병역기피' 문제에 대한 자신의 견해를 진술해 보시오.

이화여대 2006학년도 수시 2학기 논술고사

인간이 천국에 갈 수 있는 방안이 무엇인지에 대해 [가], [나]와 〈보기〉를 반드시 활용하여 설명하시오. (제시문 생략)

〈보기〉

[악한 일에 대한 점수]

거짓말할 때	10점~60점 감점(減點)
남을 비방할 때	80점~200점 감점
살인할 때	500점~1,100점 감점

[선한 일에 대한 점수]

타인에게 기쁨을 줄 때   10점~100점 가점(加點)

위험에 빠진 사람을 구할 때   50점~120점 가점

남을 위해 죽을 때   300점~620점 가점

[점수에 따른 사후 보상]

300점 미만   지옥 행

300점~899점   연옥 행

900점 이상   천국 행

이화여대 논술고사 문제는 한층 더 구체적이다. 하나님이 계시고 천국이 존재한다는 가정하에 문제가 출제되었기 때문이다. 그런데 이화여대가 기독교 계열의 대학이기 때문에 이런 문제가 출제되었다는 것은 정확한 분석이 아니다. 서울대와 성균관대는 기독교 대학이 아닌데도 교회 관련 문제가 출제되었던 것이다. 교회 냄새를 풍기기는커녕 성균관대는 오히려 "공자왈 맹자왈" 하는 유교 학교이다. 그런 성균관대에서 교회 관련 문제를 출제하였으니, 이화여대가 기독교 관련 문제를 출제한 것은 이화여대의 종교적 정체성과는 아무런 연관이 없다고 볼 수 있다.

이화여대뿐만이 아니다. 서울대와 이화여대 이외에도, 교회와 관

련된 논술고사 문제를 뽑으려고 들면 이 책 한 권의 지면을 전부 사용해도 모자라다.

왜 그런 걸까. 어찌하여 대입 논술고사의 곳곳에 교회가 스며들어 있는 것이며, 공부를 잘할 수 있는 비법을 제공해 줄 수 있는 건가.

그 이유는 간단하다. 기독교에는 하나님이 계시기 때문이다. 유대교와 이슬람에도 하나님이 계시기는 하지만, 대중적 보편성을 획득하기가 쉽지 않다.

대중적 보편성을 획득하지 못한 종교가 진리와 거리가 멀다는 뜻이 아니다. 다만 문화적 접촉의 기회를 이야기하고 싶을 뿐이다. 공부를 한다는 것은 생각을 나누고 문화를 나누는 것이기에, 이 땅에서 제도화된 종교생활을 공동체적으로 누릴 수 있는 기회가 상대적으로 적은 유대교나 이슬람교는 논외로 해야 마땅하다는 뜻이다.

접촉하기 힘든 유대교의 '하느님', 이슬람교의 '하느님'을 논의하는 것은 허망한 일이다. 기독교, 유대교, 이슬람교의 하나님이 다 똑같은 하나님이라고 말하는 것도 올바른 것은 아니다. 구약성서의 일정 부분을 공유하고 있을지라도 이 세 종교는 완전히 다르다. 기독교에서는 구약에서도 예수님의 숨결을 끊임없이 느낄 수 있으나 유대교는 예수를 그리스도로 인정하지 않고 있으며, 이슬람교의 창시자는 주후 600년경에 활동했던 마호메트(570?~632)이다.

이슬람에서는 원죄를 해석하는 관점이 다른 종교와 다르다. 유대교에서는 구약성서에서 예수님의 숨결을 느끼지 못한다. 뿌리가 같아 보이지만, 실제로는 서로 다른 뿌리를 갖고 있다. 성경을 해석하는 관점과 예수를 받아들이는 시각조차 다른 종교를 같은 범주 안에 묶어둘 수는 없다. 그런데도 기독교, 유대교, 이슬람교의 하나님이 똑같은 하나님이라고 할 수 있을까?

'종교'에 대한 가장 큰 오해

종교에 대한 가장 큰 오해 중의 하나가 만약 신이 존재하지 않는다면, 과거의 십자군은 없었을 것이고 지금의 탈레반도 없을 것이라는 주장이다.

하지만 다른 말로 표현해 보면 이 주장에 대한 오류가 바로 드러난다. "이 세상에 신이 존재하지 않는다면 십자군도 없었을 것이고 탈레반도 없을 것"이라는 말은 곧 "신이 존재하기 때문에 십자군 전쟁이 발발한 것이며 탈레반이 있는 것"이라는 얘기가 된다. 이게 말이나 되는 얘기인가?

'십자군 전쟁'이 발발한 이유는 신이 존재하기 때문이 아니라 신의 섭리를 제대로 받아들이지 못한 인간의 정치적 죄악 때문이다.

‘탈레반’ 역시 종교의 문제가 아닌 정치적인 문제라고 파악해야 한다. 다시 말해서 종교 자체에 문제가 있는 것이 아니라, 이를 받아들이고 현실세계에 적용하거나 응용하려는 정치세력, 혹은 정치세력화가 된 종교집단들의 배타적인 호전성(好戰性)이 세상의 피비린내 나는 전쟁과 잔인한 살육을 불러일으킨 것이다. 정치세력화 된 종교집단은 이미 종교의 틀에서 한참 벗어나 있다고 봐야 한다. 따라서 현실세계에서의 실천의 문제이자 정치의 문제이지 종교 자체의 문제는 아니다.

2007년 여름에 발생한 ‘아프가니스탄 피랍 사태’도 마찬가지이다. 이 끔직한 사건은 세계 정치의 문제이지 종교의 문제라고 할 수 없다. ‘탈레반’이라는 정치집단이 ‘비인도적’으로 야기한 문제이다. ‘인도적’인 목적으로 봉사활동을 행한 종교집단의 문제가 아니란 말이다. 정치로 인해 생겨난 문제를 종교의 탓으로 돌려버리는 세상 사람들의 시선이 바로 오늘날의 각종 매체와 인터넷 상에서 벌어지고 있는 ‘신’과 ‘종교’에 대한 갑론을박 중에서 가장 큰 오해 중의 하나이다.

종교와 정치를 논박하고자 하는 것은 아니다. 우리는 지금 공부를 하고 있는 것이다. '이화여대 2007학년도 정시 논술고사'와 '경희대 2005학년도 정시 논술고사'에 출제되었던 새뮤얼 헌팅턴의 『문명의 충돌』과 깊은 관련이 있기에 우리는 지금 학습법 얘기를 하며 '실제적인 공부'를 하고 있는 것이다.

공부가 되는 공부법! 공부를 잘하는 방법을 상세히 알려주고 그 방법을 통해서 스스로 공부를 할 수 있게 도와주는 것이 이 책의 존재 이유다. 예수님이 나의 든든한 후원자가 되어 주신다는 것, 예수님과 함께 하며 공부를 할 수 있다는 것, 생각만 해도 신나는 일이다.

'이화여대 2007학년도 정시 논술고사'에서는 『문명의 충돌』뿐만 아니라 T. E. 로렌스의 『지혜의 일곱 기둥(Seven Pillars of Wisdom)』이 출제되었다. 문제의 그 책 『지혜의 일곱 기둥』의 제목은 바로 구약성서 잠언 9장 1절의 "지혜가 그의 집을 짓고 일곱 기둥을 다듬고"에서 따온 것이다.

다시 서울대 논술 예시문항에 출제되었던 로크의 『통치론』으로 돌아가 보자. 로크의 소유권 이론이 소개되어 있는 제시문은 성경에 대한 깊은 이해가 없이는 잘 이해할 수 없는 내용으로 되어 있다. 서울대 측에서 첨부한 짤막한 해설이나 혹은 논술학원의 프린트물이 성경에 대한 깊은 이해를 대신해 줄 수는 없다.

존 로크(1632~1704)의 『통치론』은 사회과학 서적보다는 신학 서적으로 볼 수도 있다. 『기독교의 합리성』이나 『사도 바울의 서한에 대한 주해』라는 책을 발표한 그의 이력에서 알 수 있듯이 로크는 신학자였다. 성경에 대한 깊은 이해 없이 『통치론』이 제시문으로 나온 서울대 논술 문제를 올바르게 이해하기란 여간 어려운 일이 아니다.

성경 말씀에 대한 로크의 열정은 『통치론』에 그대로 드러나고 있다. 제1장인 서론은 ‘아담’의 이야기로 시작된다. 그렇게 시작된 『통치론』의 구석구석에는 에덴동산의 ‘아담’이 자리를 지키고 있고, 서울대 제시문에 인용된 제5장에는 노아와 다윗 왕이 등장하고 있으며, 하나님의 말씀인 성경 구절이 책의 곳곳에 수시로 등장하고 있다. 상황이 이러한데 크리스천 청소년들이 서울대의 이 문제를 푸는데 더 유리하다는 것은 분명한 사실이다. 성경을 알면 모든 시험문제의 본질과 핵심을 꿰뚫어볼 수 있는 것이다.

공부에 대한 자신감을 갖자. 예수님은 우리를 구원해 주셨다. 예수님을 주님으로 모셨다는 것은 이미 공부에 대한 구원을 받았다는 것이다.

이것은 시작에 불과하다. 우리는 앞으로 '세상의 시험은 성경에서 출발한다!'는 것과 '크리스천 청소년들이 교회에 다니지 않는 청소년들보다 공부를 하는 데 있어 훨씬 더 유리하다'는 사실을 보다 구체적으로 깨닫게 될 것이다.

눈물을 흘리며 씨를 뿌리는 자는 기쁨으로 거두리로다.

(시편 126:5)

미국의 인기 방송인 오프라 윈프리는 어릴 적에 무척 가난했다고 한다. 그녀는 가난한 흑인으로 태어나 할머니의 손에서 자랐으며, 같은 또래의 아이들이 없는 쓸쓸한 곳에서 친구도 장난감도 없이 외롭게 지냈다. 그녀의 유일한 친구는 목초지의 소떼나 집 주변의 돼지였다. 그녀의 유일한 장난감은 성경책이었고 성경책의 재미난 이야기가 외로운 그녀를 꼭 붙잡아 주었다. 그녀의 유일한 놀이는 소와 돼지에게 성경을 읽어주는 것이었다.

"얘들아, 이리 와봐. 내가 성경책 읽어줄게!"

외롭고 쓸쓸하던 어린 시절, 그녀는 깨어있는 대부분의 시간을 성경을 읽으며 보냈다. 소와 돼지에게 성경을 읽어주며 점차 조리 있게 말하는 법을 배우게 된 오프라 윈프리는, 성경을 암송하는 비범한 재능과 탁월한 말솜씨를 갖추게 되었고 훗날 우리가 알고 있는 것처럼 미국 최고의 방송인이 된다.

오프라 윈프리와 같은 예는 우리 주변에서도 어렵지 않게 찾아볼 수 있다. 성경을 가까이 하고 교회에 열심히 다니면 성공할 가능성이 더 높아진다는 것을 입증하는 사례들이다.

어느 개척교회 목회자의 아들은 사법시험에 최연소로 합격했다. 제48회 사법시험에 최연소로 합격한 최승호 님이 그 주인공이다. 믿음이 깊었던 그는 교회 봉사를 열심히 했으며, 사법고시 시험을 치르기 직전의 주일에도 종일 교회에서 시간을 보냈다.

또한 하나님을 붙잡고 살아간 어느 소녀가장은 어렵고 불우한 환경 속에서도 열심히 공부하여 서울대에 합격했다. 그녀의 소식을 들은 많은 사람들이 눈시울을 적셨다. 그녀는 이렇게 말했다. "생활이 어려워서 몸과 마음이 지치고 너무도 힘들 때면 교회에 갔어요. 교회에 가서 열심히 기도하면, 오히려 더 강해질 수 있었어요."

1부

원리편
기초 학습법

사흘 후에 성전에서 만난즉 그가 선생들 중에 앉으사
그들에게 듣기도 하시며 묻기도 하시니
듣는 자가 다 그 지혜와 대답을 놀랍게 여기더라.
(누가복음 2:46-47)

1 천지창조 학습법
– 천지창조의 원리로 공부하세요

그리스도께서 우리를 자유롭게 하려고 자유를 주셨으니
그러므로 굳건하게 서서 다시는 종의 멍에를 메지 말라.

(갈라디아서 5:1)

　‘서울대 2007학년도 정시 논술고사’ 논제는 눈 감고도 쓸 수 있을 정도로 만만하게 느껴진다. 두 가지 면에서 그렇다.

　첫째, ‘천지창조의 원리’로 해결할 수 있다. ‘천지창조의 원리’를 잘 이해하고 있는 수험생이라면, “지식정보화 시대에 우리 사회 각 영역은 어떤 속도로 변화해야 하는가?”라는 서울대의 논제를 손쉽게 소화할 수 있을 것이다. 다음의 제시문을 보면 ‘천지창조의 원리’를 보다 쉽게 이해할 수 있다.

서울대 2007학년도 정시 논술고사

예화1 식물들을 관찰해 보면 제 나름의 시간과 속도로 자라는 것을 알 수 있다. 채송화는 낮에 잠깐 피었다 시들지만 소나무는 사시사철 푸르름을 잃지 않는다. 코스모스는 라일락만큼 향기는 없지만 서로 다른 계절에 꽃을 피워 우리를 즐겁게 한다. 또한 복숭아나무와 사과나무는 동시에 열매를 맺지 않는다. 이처럼 식물들은 서로 다른 시간에 다른 속도로 자라나 꽃을 피우고 열매를 맺는다. 꽃을 피우는 시기도 열매를 맺는 계절도 다르지만 이 모두가 함께 어우러져 자연을 이룬다.

예화2 돌고래들은 떼를 지어 움직일 때 마치 한 마리가 행동하듯이 같은 속도로, 같은 몸짓으로 헤엄친다. 그 이유를 정확히 알 수는 없지만 다음과 같이 추측해 볼 수 있다. 우선 여러 마리의 돌고래가 한 몸인 것처럼 움직임으로써 아주 거대한 동물인 것처럼 보이게 하여 포식자로부터 자신들을 지키는 데 유리하다. 또한 돌고래가 무리지어 헤엄치게 되면 각각의 돌고래가 받는 물의 저항이 줄어들게 되어 힘들이지 않고 멀리 이동할 수 있고, 돌고래들 사이의 의사소통도 용이해진다.

예화3 아프리카에 사는 산양의 일종인 '스프링복' 들은 처음에는 풀을 뜯으며 평화롭게 무리를 지어 움직이지만 앞서가는 양들이 풀을 뜯어먹어 버리

면 뒤따르는 양들이 먹을 것이 없어지기 때문에 풀을 차지하기 위하여 앞 다
툼을 벌인다. 그래서 양들이 모두 조금씩 빨리 달리기 시작한다. 뒤따르는 양
들이 속력을 내어 달려오므로 앞서가는 양들은 더 빨리 달리게 되고 결국은
양떼 전체가 앞을 다투어 전속력으로 달리게 된다.

이 세 개의 예화를 살펴보면 무척 재미있다. 우연의 일치인가? 천
지창조의 순서대로 예화가 소개되고 있다. 천지창조의 순서를 상기
해 보면, 셋째 날엔 식물의 창조, 다섯째 날엔 새와 물고기의 창조,
여섯째 날엔 육지의 짐승과 사람이 창조되었다.

서울대 논술고사의 예화 순서도 마찬가지다. [예화 1]에선 식물,
[예화 2]에선 돌고래, [예화 3]에선 산양이 소개되고 있으니 천지창조
의 순서와 똑같은 것이다. 단순한 우연의 일치일까, 아니면 하나님
의 강권적인 역사하심으로 그렇게 출제된 것일까? 본인의 믿음에 따
라서 다르게 받아들이겠지만, '천지창조의 원리'로 풀이하면 "지식
정보화 시대에 우리 사회 각 영역은 어떤 속도로 변화해야 하는가?"
라는 서울대의 논제를 간단히 해결할 수 있다는 사실을 부정할 수는
없을 것이다.

'천지창조의 원리'를 논하지 않은 채 '변화의 원리'를 논하는 것
은 무의미하다. 첫째 날에는 빛의 창조, 둘째 날에는 궁창(창공)의 창
조, 셋째 날에는 식물의 창조, 넷째 날에는 해와 달과 별의 창조, 다

섯째 날에는 새와 물고기의 창조, 여섯째 날에는 육지의 짐승과 사람을 창조하신 하나님의 천지창조 원리에 의하면, 아무렇게나 창조된 것이 아니라 서로 조화를 이루며 순서대로 창조되었다. 다시 말해서 이 세상의 변화는 서로 조화를 이루며 순차적으로 진행되어야 함을 보여주신 것이다. "우리 사회 각 영역은 어떤 속도로 변화해야 하는가?"라는 논제는 너무도 쉬운 문제가 아닌가!

둘째, '논술고사의 원리'로 해결할 수 있다. '논술고사의 원리'에 의하면 서울대의 이 논제는 "어이구, 지겨워!"라는 탄식이 절로 나올 정도로 상당히 고리타분한 문제라고 할 수 있다. 10년이 넘는 논술고사의 역사 속에서, '변화'에 대한 논제는 수없이 출제되었다. "모든 생명체는 종을 유지하기 위하여 적절한 변화를 추구한다"는 '가톨릭대 1997학년도 자연계열' 문제에서, "기술변화의 속도는 수억 명의 사람들의 삶을 지속적으로 파괴하고 있다"는 '경희대 2003학년도 인문계열' 문제를 거쳐, "지금 우리에게 일어나고 있는 변화는 너무 리얼하고 속도가 빠르다"는 '경희대 2007학년도 수시 1학기 논술고사'에 이르고 있다. 또한 '이화여대 1999학년도 자연계열 모의고사'에서부터 '한양대 2000학년도 논술고사'를 거쳐, '경희대 2004학년도 수시 심층면접'과 '성균관대 2005학년도 수시 1학기 논술고사'에 출제되었던 '엔트로피'에 이르기까지, 변화와 속도에 대한 문제만 모아도 책 한 권 분량은 가볍게 넘을 정도이다.

서울대 논술고사에만 국한시켜도, '변화'에 대한 문제는 끊임없이 출제되었다. 몇 문제만 예로 들어보면, 1996학년도 논술고사에서는 "인간의 가치 관념과 행위 성향이 형성되는 과정"에 대한 제시문이 출제되었으며 '2000학년도 수시 지필고사'에서는 "생물체의 항상성 유지"가 출제되었고, '2001년 수시 지필고사'와 '2004학년도 수시 구술면접'에서는 "토머스 쿤의 패러다임"이 출제되었다. 또 '2005학년도 논술 모의고사'에서는 "산업혁명 이후 오늘날에 이르기까지 기계의 발전이 인간의 ① 사회적 관계와 ② 문화적 양식을 어떻게 변화시켜 왔으며, 이러한 변화가 지니는 의미가 무엇인지를 논술"하는 문제가 출제되었고, '2005년 정시 논술고사'에서는 "인식의 변화 과정"이 출제되었다. 또한 '2006년 수시 논술고사'에서는 "연령별 인구 및 이혼율의 추이에 반영된 사회변화"가 출제되었고, 2006학년도 정시 논술고사에서는 "사회변화의 동인(動因)으로서의 경쟁"이 출제되더니, 2007학년도 정시에서는 더욱 노골적으로, "변화의 속도"에 대한 문제가 출제된 것이다.

이 정도면 서울대 논술고사를 가히 '변화의 논술고사'라고 칭할 만하다.

왜 이런 현상이 벌어진 것일까? 사회의 생성, 변화, 발전의 원리는 '천지창조의 원리'에 지배를 받고 있기 때문이며, 사회의 일부분을 이루고 있는 대입 논술고사 또한 '변화의 원리'라는 '천지창조의 원리'를 벗어날 수 없기 때문이다.

우리는 '창조세계의 질서'를 보여주시는 성경을 통해서 '질서 있게 다스리시는 하나님의 섭리'를 배울 수 있다. '논술고사의 원리'란 바로 '천지창조의 원리'이다. '천지창조 학습법'이란 천지창조의 원리로 학습하는 방법이다. 이 학습법을 받아들이기 위해서는 먼저 창조론을 받아들여야 한다. 우선 2002년에 실시되었던 논술 경시대회 제시문부터 살펴보자. 서울대 철학사상연구소가 주최한 '제3회 논리논술 경시대회'에 나왔던 제시문이다.

서울대 2002년도 제3회 논리논술 경시대회

당신이 해변을 걷다가 모래 위에 떨어져 있는 시계를 발견했다고 상상해 보라. 그것을 들여다봄으로써 당신은 그 시계가 정교하고 복잡한 기계라는 것을 발견할 것이다. (…) 이와 같이 정교한 사물의 존재를 어떻게 설명할 수 있을까? 파도가 모래를 때림으로써 시계가 우연적으로 만들어졌다는 설명은 설득력이 없다. 그것은 원숭이가 타자기 위를 아무렇게 뛰어다님으로써 셰익스피어의 작품들이 씌어졌다고 주장하는 것과 마찬가지 정도의 설득력을 가질 뿐이다. 시계의 정교함은 그것이 지성의 산물임을 보여준다. 시계를 만든 지성적인 존재자(시계공)가 있었기 때문에 시계는 존재한다.

생명의 세계를 한번 둘러보자. 생명의 세계에는 엄청나게 정교하고 환경에 잘 적응된 생명체들로 꽉 차 있다는 사실을 당신은 발견할 것이다. 사실 생명체들은 시계보다 훨씬 더 복잡하다. 그리고 시계가 시간을 측정하는 일에 알맞게 되어 있듯이, 생명체들도 생존하고 복제(재산출)하는 일에 매우 적합하게 되어있다. 우리는 생명체들이 그렇게 놀라울 정도로 정교하고 잘 적응되어 있다는 사실을 어떻게 설명할 수 있는가? 파도가 모래를 때리는 것과 같은 제멋대로의 과정에 의해 우연히 난초들, 악어들, 사람들이 존재하게 되었다고 설명하는 것은 설득력이 없다. 엄청난 지성을 가진 창조자가 생명체라 불리는 대단히 정교하고 잘 적응된 기계들을 만들었다고 설명하는 것이 최상의 설명일 것이다. 그러한 존재자를 우리는 신이라 부른다.

월리엄 페일리(1743~1805, 영국의 신학자)의 '시계공 논증'이 소개되고 있다. 논증의 요지는 복잡하고 정교한 구조를 갖추고 있는 시계가 우연히 탄생된 것이 아니라 시계를 설계한 설계자가 있듯이, 시계보다 더 복잡하고 정밀한 자연에는 자연의 설계자, 즉 창조주인 신이 분명히 존재한다는 주장이다.

『이기적 유전자』로 제법 이름을 떨친 영국의 리처드 도킨스가 1986년에 『눈먼 시계공』이라는 진화론 서적을 발표한 것을 보면, 윌리엄 페일리의 '시계공 논증'이 어느 정도의 위력을 지니고 있는지 짐작할 수 있다. 그 위력은 『지적 설계(Intelligent Design)』라는 책으로 우리에게 많이 알려져 있는 윌리엄 뎀스키에 의해 계승되고 있다. 즉 윌리엄 페일리는 요즘 미국과 영국 등지에서 빠른 속도로 확산되고 있는 '지적 설계이론'의 원조라고 할 수 있는 인물이다. 창조론과 진화론의 뜨거운 격론 속에 새로운 논쟁의 불씨를 붙이고 있는 '지적 설계이론'의 원조자인 윌리엄 페일리가 서울대 논술 경시대회 제시문에 등장했다는 사실이 자못 흥미롭다. 이는 곧 중·고등학생이라면 이 정도의 논증은 상식적으로 알아야 한다는 것을 의미한다.

창조론을 무시하며 진화론을 옹호하는 논박은 논리의 기본조차도 무시한 싸움이다. 창조와 진화는 대등한 대립 개념이 아니기 때문에 '논리의 기본조차도 무시한 싸움'이라는 혹평을 가하는 것이다. 진화는 창조에 종속된다. 논리적으로 볼 때 창조는 진화가 없어도 존재하지만, 진화는 창조가 전제하지 않고서는 존재할 수 없다. 상식선에서 생각해 봐도 진화의 객체가 창조되고 나서야 진화될 수 있는 것이다.

문제는 '창조론의 창조가 창조주에 의해서인가, 아니면 저절로 생겨났는가?'이다. 복잡한 문제 같지만 곧바로 해결할 수 있는 논제다. 저절로 생겨난 것을 '창조되었다'고는 할 수 없기에, 세상의 모든 창조물(피조물)은 창조주에 의해 생겨났다고 할 수 있다. 그렇다면 저절로 생겨났다는 의미를 주는 듯한 '자연(自然)'은 어떠한가? 자연의 경우엔 그 의미를 명확히 하면 즉시 해결된다. 자연이란 저절로 생겨났다는 뜻이 아니라, 사람의 손을 거치지 않고서도 존재한다는 의미이다. 즉 자연의 창조주는 인간이 아닌 다른 무엇, 인간 이외의 다른 창조주가 존재한다는 뜻이다.

그 창조주가 누구인가? 윌리엄 페일리의 '시계공 논증'에서 언급된 대로 생명체와 자연을 창조하신 신을 창조주 하나님이라고 할 수 있을까? 앞에서 윌리엄 페일리를 지적설계이론의 원조라고 일컬었지만, 실은 그의 논증은 오늘날의 그것과는 사뭇 다른 모습을 띠고 있다. 그는 지적 설계자가 창조주 하나님이라고 주장했지만, 오늘날의 지적설계론은 종교적 관점을 드러내지 않은 채 다만 지적 설계의 증거를 찾는 것을 목적으로 하고 있다. 즉 종교를 앞세우지 않고 과학을 앞세우고 있는 것이다.

따라서 지적설계론은 창조론을 입증하기 위한 대안이 될 수는 있어도 창조론과는 다르다는 것을 알 수 있다. 창조론은 하나님이 우주와 생물체를 창조하셨다는 것이고, 지적설계론은 우주와 생물체는 그 누군가의 지적 설계에 의해서 창조되었다는 것이다. 이 둘은 진화론을 잠재우기 위한 연합전선을 구축하고 있다. 그중에서도 지적설계론의 화력은 막강하다. 창조론의 종교적 색채에 거부감을 표시하던 사람도 과학적 탐구를 내세우는 지적설계론 앞에서는 어느 정도 자신의 무장을 해제하기 때문이다.

사소한 것이라도 우연히 일어나는 일은 없다

필자는 하나님의 계시와 기적을 매일 경험하고 있다. 그 중 하나만 예로 들면, 『지적 설계』의 윌리엄 뎀스키에 대한 이 글을 쓰고 있던 오늘 오후 미국의 사우스웨스턴신학대학원에서 교편을 잡고 있는 분의 전화를 받았다. 그런데 흥미로운 일은, 윌리엄 뎀스키가 바로 그 대학에서 연구교수로 재직하고 있다는 사실이다. 아무렇지도 않게 그냥 넘겨 버릴 수도 있는 지극히 사소하고 작은 일이지만, 하나님을 믿는 자에게는 우연히 일어나는 일이란 절대로 존재하지 않는다.

사우스웨스턴신학대학원 교수의 전화와 윌리엄 뎀스키에 대한 내용의 집필과 아무런 상관관계가 없는 것처럼 보이지만, 오후 내내 필자는 사우스웨스턴신학대학원과 윌리엄 뎀스키에 대해서 생각하고 있었고, '지적 설계이론'으로 이 책의 본문을 열어가면 되겠다는 구상을 하고 있었다. 그런데 사우스웨스턴신학대학원의 다른 교수 한테 연락이 온 것이다.

이게 우연인가, 아니면 필연인가? 우연이라면 아무것도 아닌 것이 되고, 필연이라면 창조주 하나님의 예지(미리 아심)와 예정(미리 정하심)에 의한 것이고, 우연도 필연도 아니라면 누군가의 지적 설계에 의한 것일까? 모든 일은 하나님의 계획과 설계에 의해서 조직적으로 일어난다. 필자가 사우스웨스턴의 그 교수를 처음 만나서 교제를 나누게 된 것은 2006년 여름의 일이었는데, 윌리엄 뎀스키가 미국 남침례교의 서던신학대학원에서 사우스웨스턴으로 옮긴 것도 그 무렵의 일이었던 것으로 기억된다.

그러고 보면 지적설계이론이 종교를 배제한다고는 하지만, 필자가 보기엔 뎀스키의 궁극적인 목적은 창조론의 실증에 있는 것같다. 뎀스키는 서던신학대학원 이전에도 기독교 재단의 베일러대에 근무했기 때문이다. 아무렴, 윌리엄 페일리의 '시계공 논증'이 어디 가겠는가.

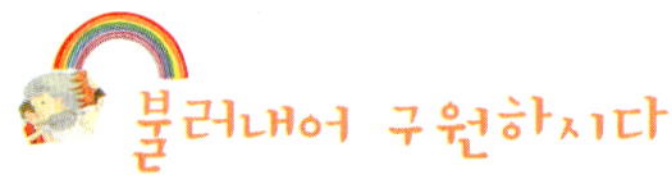

중요한 건 서울대 논술 경시대회 문제에 지적 설계에 대한 제시문

이 등장했다는 사실이다. 이 사실은 그 누구도 부인할 수 없는 '진리'이다. 또한 서울대의 그 제시문을 이해하는 데 있어서, 교회에 다니는 학생들이 보다 유리하다는 것 또한 부인할 수 없는 '진리'이다. 교회에 다니는 학생이 다니지 않는 학생보다 창조론과 지적설계이론에 대한 고민을 한번쯤은 더 했을 것이기 때문이다.

그런 면에서 볼 때, 교회에 다니는 학생들은 선택받은 사람들이다. 하나님이 그 학생들을 선택하신 것이다. 그 학생들을 선택해서 이 세상에서 구출해 내신 것이다. 교회에서는 그것을 '구원(salvation)'이라고 한다.

교회를 희랍어로 에클레시아(ekklesia)라고 한다. 에클레시아는 전치사 ek(out of, from: ~로부터)와 동사 kaleo(call: 불러내다)의 합성어이다. 하나님이 그 누군가를 선택하시어 이 세상으로부터 불러내어 구원하시는 것이다. 그게 교회다. 하나님은 우리를 구하고 싶어 하신다. 예수님이 이 땅에 오신 목적 중의 하나가 바로 공부에 시달리는 학생들을 해방시켜 주시기 위해서였다. 그러한 예수님의 간절한 소망은 창세기 1장에 나오는 하나님의 천지창조 사역에 잘 나타나 있다.

구약성서 창세기 1장에 나오는 '천지창조'를 잘 이해하면 공부의 원리가 저절로 터득된다. 이른바 '천지창조 학습법'이 되는 것이다. 천지창조의 첫 번째 원리는 '시간 관리'이다. 시간을 잘 관리하라. 많이 들어본 말이다. 보편적인 것이다. 인류의 보편적인 진리를 담고 있는 책이 바로 성경이라는 것을 보여준다. 고대 기독교의 가장 위대한 사상가로 일컬어지고 있는 아우구스티누스도 시간개념을 연구했다. 연세대 논술고사 제시문에 그 내용이 나와 있다.

연세대 2003학년도 정시 자연계 논술고사

아래 제시문에 나타난 여러 측면의 시간 인식을 적용하여 개인적, 사회적 관점에서 시간의 의미와 기능을 논술하시오.

(가)

저기 칡 캐고 있는 그대여,

하루만 못 봐도 석 달이나 지난 듯.

저기 대쑥 캐고 있는 그대여,

하루만 못 봐도 세 철이나 지난 듯.

저기 약쑥 캐고 있는 그대여,

하루만 못 봐도 세 해나 지난 듯.

－『시경(詩經)』

제시1문 (나) 그러나 영원한 현재는 시간이 아니라 영원성일 것이다. 그러니 결국 우리가 현재만 취한다 해도 지금 실제로 존재하는 시간은 한 달의 일부인 하루, 한 시간, 1분, 1초일 뿐인데, 그것을 과연 현재라고 말할 수 있을까? 하지만 현재의 1초를 규명하려고 애쓰는 순간, 그 1초도 그보다 훨씬 짧은 단위로 무한히 나뉠 수 있다는 사실을 아우구스티누스는 깨닫는다. 게다가 상상할 수 있는 가장 짧은 단위의 시간조차 미래에서 과거로 순식간에 넘어가 버리기 때문에 '지속성을 전혀 갖지 못하리라' 는 것도 깨닫는다. 따라서 아우구스티누스가 토로했듯이, 측정 가능한 단위로 시간을 매기려는 시도는 모두 실패로 끝날 수밖에 없다. 시간은 일월성신(日月星辰)의 운행에 따라 결정된다는 주장에 대해서도 아우구스티누스는 동의하지 않는다. 천체의 운행뿐 아니라 어떤 물체의 운동도, 가령 물레의 주기적 회전도 시간 측정에 이용할 수 있지 않을까? (…) 실제로 아우구스티누스는 시간을 천체의 운행과 결부시키는 가설을 물리친 뒤, 시간은 영혼의 연장 또는 확장이라는 가설을 제시한다.

－ 움베르토 에코 외, 『시간 박물관(The Story of Time)』

제시문 (가)의 '하루만 못 봐도 석 달이나 지난 듯. 하루만 못 봐도 세 철이나 지난 듯. 하루만 못 봐도 세 해나 지난 듯' 하다는 『시경』의 표현과 비슷한 내용이 성경에도 나온다. 신약의 베드로후서 3장 8절에는 "사랑하는 자들아 주께는 하루가 천 년 같고 천 년이 하루 같다는 이 한 가지를 잊지 말라"는 말씀이 있다. 하나님이 엿새 만에 세상을 창조하셨다는 사실이 전혀 이상하지 않은 것이다. 하루만 못 봐도 세 해나 지난 듯한 인간의 삶이 정상이라면 하나님이 엿새 만에 세상을 창조하셨다는 것을 믿는 것 또한 정상이다.

하나님의 시간과 인간의 시간은 다르다. 하나님의 시간을 헬라어로 '카이로스(Kairos)'라고 하고, 인간의 시간은 '크로노스(Chronos)'라고 한다. 인간의 시간도 원래는 하나님의 영원무궁한 카이로스의 시간이었는데, 에덴동산에서 죄를 지음으로써 유한한 생명을 사는 크로노스의 시간으로 바뀌어 버린 것이다. 이제 인간은 예수 그리스도를 믿음으로 해서 단순히 흘러가 버리는 인간의 시간인 크로노스에서 벗어나, 자신의 존재의 의미를 느끼는 영원한 생명의 삶을 사는 카이로스의 시간으로 회귀할 수 있게 되는 것이다.

하나님을 믿고 안 믿고는 단순히 교회를 다니고 다니지 않고의 문제가 아니다. 카이로스의 삶을 사느냐 크로노스의 삶을 사느냐, 생명을 얻느냐 죽음 속에 머무느냐, 영원한 삶을 사느냐 유한한 삶을 사느냐, 시간을 관리하느냐 관리하지 못하느냐 하는 갈림길에서 상당히 중요한 선택인 것이다.

'고려대 1998학년도 논술고사'에서도 제시문으로 시간에 관한 얘기가 나오는데, 정약용의 『밀물과 썰물에 대하여(海潮論)』에서 각각 발췌·편집한 글이 출제되었다(고려대 1998학년도 나군 자연계열 논술고사). 연세대 지문에서 언급된 아우구스티누스와 고려대 문제에 등장한 정약용의 공통점은 무엇일까? 그들은 기독교 신자였다.

예수님을 주님으로 섬기는 교회는 크게 로마 가톨릭(천주교), 동방정교회, 프로테스탄티즘(개신교) 등으로 나뉘어져 있지만, 그들을 하나로 묶는 이름은 기독교(그리스도교)이다.

기독교가 로마 가톨릭과 동방정교회로 나뉜 게 11세기였으니까, 아우구스티누스(354~430년) 시절에는 그냥 그리스도교였고, 16세기의 종교개혁으로 로마 가톨릭이 구교와 신교로 나뉘어졌다. 정약용(1762~1836)이 구교를 믿은 천주교 신자였으니 아우구스티누스와 정약용은 같은 종교를 가졌다고 할 수 있다. 여기서 다산 정약용이 진짜 천주교 신자였는가, 천주교를 배교한 게 아닌가 등의 논란은 논외로 하겠다. 정약용이 천주교의 영향을 받은 건 사실이라고 할 수 있기 때문이다.

아우구스티누스와 정약용의 또 하나의 공통점은 시간을 연구했다는 것이다. 연세대와 고려대에 나타난 아우구스티누스와 정약용의 사유는 철학적 우주론을 담고 있으며, 그 우주론은 천지창조의 원리와 궤를 같이 하고 있다. 천지가 어떻게 창조되었는가는 곧 우주가 어떻게 생성되었는가 하는 우주론과 깊은 관련이 있다. 구약성서의 천지창조 이야기를 허무맹랑한 판타지로 치부해 왔던 분들은 이 점을 깊이 인식하기 바란다. 판타지 이야기가 아니라 과학적인 우주론으로 충분히 설명될 수 있는 게 바로 하나님의 천지창조 사역이다. 논술고사 제시문을 좀 더 살펴보자.

고려대 2003학년도 수시 1학기 논술고사

제시문 수세기 동안 인간은 시간을 측정하는 보다 좋은 방법을 찾으려고 노력해 왔다. 중세 시대에 모래시계는 거의 사용되지 않았고, 해시계도 날이 흐릴 때는 쓸모가 없었다. 이러한 문제를 해결하기 위하여 갖가지 진기한 방법이 동원되었다. 영국의 알프레드 대왕의 경우 초를 똑같은 길이로 잘라 가지고 다녔다. 시간의 경과를 측정하기 위해 초를 하나씩 차례로 켰던 것이다. 기계식 시계의 발명에는 정례화된 기도 시간과 생활을 중시하는 수도원의 수도사들이 기여한 바 크다. 수도사들은 하루 일곱 차례의 기도 시간을 알려주는 수도원의 종을 일정한 간격으로 칠 수 있도록 정확한 시간을 알아야 했다.

17세기에 이르러 추시계의 발명으로 공공장소의 대형 시계를 비롯한 다양한 시계가 등장하기 시작하였다. 이제 시간을 지킨다는 것은 시간을 할애하고 또 시간을 배분하는 것으로 변했다. 사람들은 자신의 신체적 리듬을 따르기보다는 시계의 기계적 시간을 따르기 시작한 것이다. 허기질 때보다는 정해진 시간에 식사를 하였고, 졸릴 때보다는 취침시간에 잠자리에 들었다. 세상사는 순차적이 되었고, '시계처럼 규칙적'이라는 말이 일상적 표현이 되었다. 오늘날에도 우리 사회는 시간에 집착하고 있다. 우리 모두는 수많은 시계와 달력을 가지고 있다. 이것은 아마도 그렇게 나쁜 현상만은 아닐 것이다. 어떤 작가가 말한 바와 같이 시간은 모든 것이 한 순간에 일어나는 것을 막아 주는 신의 섭리이기 때문이다.

- 빌 맥레인, 『물고기는 물을 먹는가?』

서울대 2005학년도 논술고사 예시문항

제시 1문 현대의 과학철학에서는 서로 다른 과학이론이 대립할 때 어느 것이 맞고 어느 것이 틀렸는지, 또는 어느 것이 낫고 어느 것이 그렇지 못한지를 판단할 수 없다는 견해가 있다. 이러한 관점에서는 과학이론도 하나의 신념체계로 이해될 수 있다. 즉, 과학적인 지식이 시간이나 공간을 초월하여 적용될 수 있는 불변의 진리가 아니고, 믿음으로 해석될 수 있다는 것이다.

'고려대 2003학년도 수시 1학기 논술고사'의 제시문은 "시간은 모든 것이 한 순간에 일어나는 것을 막아 주는 신의 섭리"라고 언급하고 있지만, '서울대 2005학년도 논술고사 예시문항'의 제시문은

"과학적 지식은 불변의 진리가 아니라 믿음으로 해석될 수 있다"는 점을 언급하고 있다. 창세기 1장 1절을 되새겨보자.

"태초에 하나님이 천지를 창조하시니라."

영어 성경에는 "In the beginning God created the heavens and the earth"라고 나와 있다. '태초에(In the beginning)'는 시간이 흐르기 시작한 시점을 가리킨다. 천지창조와 함께 시간도 흐르기 시작하였으니, 시간과 우주 공간의 개념이 생겨나는 것이다. 이를 신학에서는 '순간적 창조 사역'이라고 하며, 천문학자 프레드 호일과 천재 과학자 스티븐 호킹의 빅뱅 우주론을 과학적 근거로 삼고 있다. 무(無)에서 유(有)로의 전환인 빅뱅에 의해 시간과 공간과 물질이 출현했다는 빅뱅 우주론은 창세기 1장 1절과 절묘하게 맞아떨어지는 것이다.

그렇게 생겨난 시간은 모든 것이 한 순간에 일어나는 것을 막아주는 신의 섭리라고 고려대 지문은 얘기하고 있지만, 서울대 지문은 빅뱅 우주론이 '불변의 진리가 아니라 믿음'이라고 얘기하고 있는 것이다. 과학적 지식이 믿음에 불과할 뿐이라는 것은 빅뱅 우주론에만 국한되는 것이 아니라 진화론에도 통용될 수 있다.

디스커버리 채널에서 아프리카의 콩고 강에 대한 다큐멘터리를 본 적이 있다. 필자는 그 프로그램을 보며 자연의 아름다움에 거듭 감탄했다. 창조주이신 하나님의 경이로운 창조 행위에 경탄한 것이다. 그러나 디스커버리 채널의 주류를 이루는 것으로 보이는 진화론자들은 아름다운 자연환경 속에서 진화의 고리를 찾으려고 여전히 고심하고 있었다. 지식과 관점의 차이를 뛰어넘는, 서울대 지문이 지적한 대로 '믿음'의 크나큰 차이인 것이다.

창조론을 믿느냐 진화론을 믿느냐에 따라서 세상을 보는 관점에서 큰 차이가 생기게 된다. 하지만 분명한 것은 오늘날의 대학이 신학 교육에서 출발되었다는 사실이다. 1167년에 세워진 옥스퍼드대는 신학 교육으로 명성이 높았으며, 1636년에 설립된 하버드대 또한 청교도교회의 목사인 존 하버드의 이름을 본뜬 것이다. 목회자 양성을 위해 대학들이 설립되었고 그들의 인문학적 소양을 풍부하게 하기 위해 다른 학과들이 생겨났으니, 현세의 학문은 신학에 그 뿌리를 두고 있다는 것을 알 수 있다.

어찌 되었건 빅뱅 우주론은 우주의 기원을 설명해 주는 설득력 있는 이론으로 받아들여지고 있으며, 창세기 1장 1절에서 시작(태초, 처음)되어 종말(끝)로 흘러가고 있는 기독교의 '직선적 시간관'은 많은 신학자, 철학자, 과학자들의 연구 대상이 되고 있다.

천지창조의 주요 원리

시간은 이처럼 천지창조의 주요한 원리로 존재한다. 하나님은 시간을 좀 더 효율적으로 관리하기 위해 넷째 날에 해와 달과 별을 창조하셨으며, 엿새를 잘 관리하며 단계적으로 창조하셨다.

첫째 날에는 빛을, 둘째 날에는 궁창(창공)을, 셋째 날에는 식물을, 넷째 날에는 해와 달과 별을, 다섯째 날에는 새와 물고기를, 여섯째 날에는 육지의 짐승과 사람을.

하나님이 역사하신 천지창조의 원리란 바로 시간을 잘 관리하며, 계획적으로, 단계적으로 창조하셨다는 것이다. 공부도 마찬가지다. 시간을 잘 관리해야 하고, 계획을 잘 세워서 단계적으로 차근차근 밟아 올라가야 한다. 이를 천지창조의 순서대로 대입해 보면 다음과 같다.

첫째 날. 빛의 창조 ➡ 빛이 있어야 한다. 희망을 가져야 한다. 열심히 노력하면 성적이 오를 수 있다는 희망을 가져라. 희망을 갖기 위해서는 하나님께 매달려야 한다. 하나님은 빛을 먼저 창조하셨다. 빛이 있어야 존재할 수 있기에 먼저 창조하신 것이다. 하나님은 어둠을 몰아내는 밝은 빛이시니, 그 빛을 받아들이는 것이 공부의 출발점이다.

둘째 날. 궁창(창공)의 창조 ➡ 하늘을 바라보며 살아야 한다. 하나님만 바라보며, 하나님께 기도를 드리며, 하나님과 대화를 나누며 살아야 한다. 하늘은 우리의 목표요, 목적이다. 적성과 특기에 따른 장래희망과 직업을 정하고 그에 합당한 계획을 구체적으로 세워야 한다.

셋째 날. 식물의 창조 ➡ 식물은 탄소동화작용에 의해 자체적으로 자양분을 생산할 수 있는 능력을 지닌 생명체다. 다른 생물을 잡아먹지 않고도 생존할 수 있다는 뜻이며, 다른 생물의 먹이가 될 수 있다는 뜻이기도 하다. 즉 식물은 다른 생명체를 먹여 살릴 수 있는 기초를 이루고 있다. 공부도 마찬가지다. 기초를 다져야 한다. 국어, 영어, 수학, 사회, 과학 ……. 각 과목마다 기초를 확실히 다지는 것이 바로 '천지창조 학습법'의 원리다.

넷째 날. 해, 달, 별의 창조 ➡ 해가 있는 낮에는 집중해서 열심히 공부해야 하고, 밤에는 휴식을 취하고 숙면을 취해야 한다. 해와 달과 별이 있는 것은 낮과 밤을 잘 관리하며 규칙적인 생활을 하라는 하나님의 깊으신 섭리이다. 늦은 시간까지 책을 보다가 학교에서는 꾸벅꾸벅 졸아서 공부와 몸을 모두 망치는 열등생의 길을 걷지 말고, 해와 달과 별의 움직임에 순응하고, 우주의 밝은 기운을 호흡하며 즐겁게 공부하는 우등생이 되길 바란다.

다섯째 날. 새와 물고기의 창조 ➡ 다섯째 날의 비결은 하나님께서 '큰 바다 동물'부터 먼저 창조하셨다는 것이다. 큰 물고기를 창조하시고 나서 작은 물고기를 창조하신 것이다. 공부도 마찬가지다. 모든 과목을 골고루 잘하기란 쉽지 않다. 주요 과목에 힘을 쏟아야 하며 한두 개 정도의 주특기 과목을 정해서 평상시 최고의 수준으로 끌어올려놓아야 한다.

여섯째 날. 육지의 짐승과 사람을 창조 ➡ 하나님은 모든 것을 조성하고 창조하신 후에 인간을 창조하셨다. 하나님은 인간을 하나님의 형상대로 창조하셨다. 인간은 하나님을 반영한 하나님의 영광이요, 인간이 창조된 것은 하나님의 영광을 살리기 위해서다. 따라서 우리는 하나님의 영광을 살리기 위해서 열심히 공부해야 한다.

여섯째 날의 또 하나의 원리는 창세기 1장 28절 말씀에 나와 있다. 이 원리를 이해하는 데 도움이 되는 논술고사 기출문제가 있다.

제시문 (가—1) 낙원에서는 노동을 한다는 것이 고된 것이라기보다는 그저 즐겁기만 하였을 것이다. 인간의 노동 덕분에, 하느님이 창조하신 바는 자라나고 성숙하여 풍부한 결실을 맺게 되는 것이었다. (중략) 하느님이 인간을 낙원에 들여보내신 것은 일하게 하기 위함이었다. 노동하는 사람은 한 그루의 나무를 바라보면서 그의 시선을 창조계 전체로 옮겨간다. 정말 세계는 한 그루 나무와 같다. 세계에는 섭리가 이중으로 작용한다. 자연에 맡겨진 부분과 이지에 맡겨진 부분이 이중으로 작용하다. 그 모두가 인간이 교육을 받는 표지이고, 교양을 쌓는 밭이며, 인간이 발휘할 기술인 것이다. 이제 의미가 밝혀진다. 하느님이 인간을 낙원에 들여보내신 것은 일하게 하기 위함이었다. 거기서 농사를 지으라는 뜻에서였다. 그것은 노예가 하는 강제 노역이 아니라 자유 의지에서 우러난 지성인의 작업이었다. 이런 일에 종사하는 것처럼 순진무구한 일이 또 어디 있겠는가? 인간이 그것을 지혜롭고 현명하게 수행한다면 노동보다 고상하고 그보다 성취적인 일이 또 있겠는가?

- 아우구스티누스, 『창세기 축자 해석』

노동에 대한 견해를 묻는 논제의 지문이다. 아우구스티누스가 노동을 즐겁고 고상하고 성취적인 일로 보는 근거는 아마도 창세기 1장 28절의 말씀일 것이다.

인간을 창조하신 하나님은 28절에서 이렇게 말씀하셨다.

하나님의 이 명령을 신학에서는 '문화적 명령'이라고 한다. 하나님의 영광을 드러내기 위한 것 외에 인간을 창조하신 또 하나의 이유는 "바다의 물고기와 하늘의 새와 가축과 온 땅과 땅에 기는 모든 것을 다스리게"(창세기 1장 26절) 하시기 위해서였다. 결국은 같은 말이다. 인간이 하나님이 만드신 모든 피조물을 잘 다스림으로써 궁극적으로는 하나님의 영광을 드러내게 되는 것이다.

땅을 정복하고 모든 생물을 다스리기 위해서는 공부를 해야 한다. 정복하고 다스릴 줄 알아야 정복하고 다스릴 수 있기 때문이다. 이는 하나님께서 우리에게 내리신 명령이요, 아우구스티누스의 표현대로 즐겁고 고상하게 성취해야 할 인간의 권리요 존재 이유인 것이다. 인간은 공부하는 동물이다. 인간은 즐겁게 공부하는 동물이다. 천지창조 여섯째 날의 주요 원리가 바로 즐겁게 공부하는 것이다.

일곱째 날. 안식을 취하심 ➡ 여섯째 날까지 모든 창조사역을 완성하신 하나님은 일곱째 날에는 안식하셨다. 우리도 6일은 열심히 일

하고 7일째는 안식을 취하는 삶을 살아야 한다. 크리스천의 일주일은 일요일에 시작되어 토요일에 끝난다. 성경 말씀에 "네 재물과 네 소산물의 처음 익은 열매로 여호와를 공경하라"(잠언 3:9)고 하셨으니, 주일날 교회에 나가 예배를 드리는 것은 한 주를 시작하며 우리에게 주어진 일주일의 첫 시간을 하나님께 바치는 '시간의 십일조' 행위인 것이다. 따라서 우리는 주일날 예배를 드린 후에 한 주를 시작하여 금요일까지 열심히 공부하고, 주말인 토요일엔 휴식을 취하며 삶의 활력을 찾는 값진 시간을 가져야 한다.

시험 때가 되면 어린이부와 중·고등부의 주일 예배 참석률이 눈에 띄게 줄어드는 것을 볼 수 있는데, 이는 한번쯤 깊이 생각해 볼 문제다. 앞에서 소개했던 사법고시에 최연소로 합격한 최승호 님이 시험 직전에도 주일을 잘 지켰다는 사실이 우리에게 많은 것을 일깨워 주고 있다.

발등에 불이 떨어진 긴박한 순간일수록 잠시 시간을 내서 교회를 찾아야 한다. 시험 직전의 불안과 초조함과 긴장을, 찬양과 말씀 그리고 기도를 통해서 떨쳐버릴 수 있다면, 교회를 찾는 것이 더 현명하지 않을까?

2 광야 학습법

– 광야에서의 시험을 이겨내세요

우리가 선을 행하되 낙심하지 말지니
포기하지 아니하면 때가 이르매 거두리라.

(갈라디아서 6:9)

인간은 누구나 광야를 건너야 한다

광야 학습법이란 광야에서의 시험을 이겨내는 공부법이다. 인간은 누구나 광야에서의 시험과정을 거쳐야 한다. 초등학교에서부터 중·고등학교를 거쳐 대학에 이르기까지 16년 남짓한 기간이 바로 광야에서의 단련기이다. 이 기간을 잘 보내야 악의 유혹에 굴하지 않는 승리자가 되어 멋진 공생애(公生涯: 개인의 일생에서 공무나 공공 사업에 종사한 기간)를 펼칠 수 있는 것이다.

하나님의 아들로서 이 땅에 오신 예수님도 공생애를 하시기 전에 광야를 거쳐 가셨다. 인간의 몸으로 오셨기에 광야에서의 단련기를 거쳐야 하셨던 것이다. 예수님의 광야 단련기는 신약의 마태복음에 잘 나와 있다.

1 그 때에 예수께서 성령에게 이끌리어 마귀에게 시험을 받으러 광야로 가사 2 사십 일을 밤낮으로 금식하신 후에 주리신지라 3 시험하는 자가 예수께 나아와서 이르되 네가 만일 하나님의 아들이어든 명하여 이 돌들로 떡덩이가 되게 하라 4 예수께서 대답하여 이르시되 기록되었으되 사람이 떡으로만 살 것이 아니요 하나님의 입으로부터 나오는 모든 말씀으로 살 것이라 하였느니라 하시니 5 이에 마귀가 예수를 거룩한 성으로 데려다가 성전 꼭대기에 세우고 6 이르되 네가 만일 하나님의 아들이어든 뛰어내리라 기록되었으되 그가 너를 위하여 그의 사자들을 명하시리니 그들이 손으로 너를 받들어 발이 돌에 부딪치지 않게 하리로다 하였느니라 7 예수께서 이르시되 또 기록되었으되 주 너의 하나님을 시험하지 말라 하였느니라 하시니 8 마귀가 또 그를 데리고 지극히 높은 산으로 가서 천하 만국과 그 영광을 보여 9 이르되 만일 내게 엎드려 경배하면 이 모든 것을 네게 주리라 10 이에 예수께서 말씀하시되 사탄아 물러가라 기록되었으되 주 너의 하나님께 경배하고 다만 그를 섬기라 하였느니라 11 이에 마귀는 예수를 떠나고 천사들이 나아와서 수종드니라

마태복음 4장 말씀이다. 예수님이 악마에게 시험을 받으시는 장면이 생생하게 묘사되어 있다. 악마는 예수님께 세 가지 요구를 한

다. 악마의 요구에 대꾸하시는 예수님의 답변이 우리에게 광야에서의 단련기를 잘 극복하고 넘길 수 있는 해법을 제시해 주고 있다.

광야에서의 단련을 피할 수는 없다

광야에서의 시험을 피할 수 있는 사람은 아무도 없다. '공생애'라고 불리는 사회생활을 하기 위해서는 누구나 다 광야에서의 단련기간을 거쳐야 한다. 혹독한 단련기간을 통해 사회생활을 잘 할 수 있는 능력을 키워야 하기 때문이다. 성경에서 '광야'라고 하면 제일 먼저 떠오르는 인물이 '모세'이다. 모세와 이스라엘 백성들은 가나안 땅에 들어가기 위해 40년간 광야에서 하나님의 특수교육을 받아야 했다. 그런데 성경을 거슬러 올라가다 보면, 모세 이전에 아브람(아브라함) 시절부터 이미 가나안을 향한 이스라엘 백성들의 기나긴 여정이 시작되었음을 알 수 있다. 창세기 12장 5절 말씀에 의하면 "아브람이 그의 아내 사래와 조카 롯과 하란에서 모은 모든 소유와 얻은 사람들을 이끌고 가나안 땅으로 가려고 떠나서 마침내 가나안 땅에 들어갔더라"고 나와 있다. 그런데 하나님의 '7년 대기근' 시험을 이겨내지 못하고 아브람이 가나안 땅을 뒤로한 채 사람들을 이끌고 애굽(이집트)으로 내려가 버렸으니(창세기 12:10 참조), 다시금 가나안으로 향하는 기나긴 여정이 그때부터 시작된 것이었다.

그리하여 아브라함뿐만 아니라, 이삭, 야곱, 요셉에 이르기까지, 광야에서의 기나긴 시련을 견뎌내야 했다. 하나님의 시험은 혹독하다. 아브라함은 '7년 대기근'이라는 하나님의 시험을 받았으며, 심지어 외아들 이삭을 산 제물로 바치는 엄청난 시험을 치러야 했다. 그 시험을 치러내야 하는 것이다. 현실세계에서의 시험도 마찬가지다. 시험을 피할 수 있는 사람은 그 누구도 없다. 시험이란 우리가 반드시 치러야 할 승부의 대상일 뿐이다. 승리할 것인가 패배할 것인가 승부가 엇갈릴 뿐이다.

광야에서의 기간을 단축할 수는 있다

광야에서의 시험을 피할 수는 없지만, 그 기간을 단축할 수는 있다. 예수님은 40일 동안 광야에 계셨지만, 이스라엘 백성들은 광야에서 40년간 고생을 해야 했다. 40일간의 단련만으로 예수님은 공생애 능력을 키울 수 있었지만, 출애굽을 한 이스라엘 백성들은 달랐다. 그들은 430년 동안 이집트에서 종살이를 한, 조상 대대로 노예생활을 해온 상당히 거친 사람들이었다. 40년간의 피나는 교육을 받고 나서야 가나안에 들어갈 수 있었던 것이다.

광야에서의 시련을 단축할 수 있는 유일한 방법은 과거의 악습과 악행을 버린 채 하나님을 믿고 순종하는 것이다. 하나님이 인간을 단련시키는 장소를 광야로 선택하신 이유는, 물을 구하기가 어렵고 뜨거운 태양과 혹독한 추위와 싸워야 하는 사막이 인간의 한계를 인식하게 해줄 수 있는 최적의 장소였기 때문이다. 즉, 광야에서의 훈련캠프는 사회생활을 본격적으로 하기 전에 인간의 마음을 온전히 하나님께 향하도록 하기 위한 종교적 훈련 기간이다.

따라서 하나님을 향한 영성 훈련을 하는 광야에서의 시험기간을 단축할 수 있는 유일한 길은 인간으로서의 자신의 한계를 인식하고 하나님을 믿고 순종하는 것이다.

즐겁고 기쁜 마음으로 공부해야 한다

무조건 믿고 순종하는 게 아니라, 즐겁고 기쁜 마음으로 하나님을 믿고 순종해야 한다. 하나님은 "너희는 말세에 나타내기로 예비하신 구원을 얻기 위하여 믿음으로 말미암아 하나님의 능력으로 보호하심을 받았느니라. 그러므로 너희가 이제 여러 가지 시험으로 말미암아 잠깐 근심하게 되지 않을 수 없으나 오히려 크게 기뻐하는도다. 너희 믿음의 확실함은 불로 연단하여도 없어질 금보다 더 귀하여 예수 그리스도께서 나타나실 때에 칭찬과 영광과 존귀를 얻게 할 것이니라"(베드로전서 1:5-7)고 말씀하셨다.

또한 "내 형제들아 너희가 여러 가지 시험을 당하거든 온전히 기쁘게 여기라 이는 너희 믿음의 시련이 인내를 만들어 내는 줄 너희가 앎이라 인내를 온전히 이루라 이는 너희로 온전하고 구비하여 조금도 부족함이 없게 하려 함이라 너희 중에 누구든지 지혜가 부족하거든 모든 사람에게 후히 주시고 꾸짖지 아니하시는 하나님께 구하라 그리하면 주시리라"(야고보서 1:2-5)고 말씀하셨고, "시험을 참는 자는 복이 있나니 이는 시련을 견디어 낸 자가 주께서 자기를 사랑하는 자들에게 약속하신 생명의 면류관을 얻을 것이기 때문이라"(야고보서 1:12)고 말씀하셨다.

즐겁고 기쁜 마음으로 공부하고, 즐겁고 기쁜 마음으로 시험을 치르면, 성적은 오르게 되어 있다.

성적이 올랐다고 자만하지 마라

예수님께서 성령에 이끌리어 광야로 가서서 악마에게 시험을 받으신 시기를 주목해야 한다. 예수님은 광야로 가시기 직전에 세례를 받았으며, "이는 내 사랑하는 아들이요 내 기뻐하는 자"라는 하늘의 소리를 들으셨다.

(마태복음 3:16~17)

하늘이 예수님께 열리고 성령이 그 위에 내리신 직후에 광야로 이끌리어 시험을 받으신 것이다. 이 사실은 우리에게 많은 것을 가르쳐주고 있다. 우리는 최후의 승리자가 되기 위해 노력해야 한다. 은혜를 받았다고 들뜨거나 자만하지 말고, 악마와의 보다 큰 싸움에 항상 대비해야 한다. 공부하는 학생의 경우엔 시험성적이 올랐다고 자만하지 말고 앞으로 닥칠 보다 큰 시험에 대비하여 경건하고 겸손한 마음으로 지속적인 노력을 경주해야 한다.

독서와 묵상의 시간을 가져라

예수님께서 성령의 이끌림으로 가신 장소는 아무도 살지 않는 광야였다. 우리도 이따금 번잡한 곳을 피해서 광야에서처럼 호젓한 시간을 갖는 게 좋다. 하루에 30분 이상씩 독서와 묵상의 시간을 꾸준히 갖는다면, 우리의 삶은 몰라보게 달라질 것이다. 일상의 피로가 풀리고, 공부에 대한 집중력이 높아지고, 독서와 묵상을 통해 사고력과 창의력을 증진시킬 수 있으니 심신수양과 학습효과를 동시에 꾀할 수 있는 좋은 방법이라고 할 수 있다.

하지만 이러한 광야에서의 시간, 호젓한 독서와 묵상의 시간에는 많은 유혹이 따른다. 인간의 어찌할 수 없는 욕망과 쾌락이 우리를 괴롭히는 것이다. 우리의 일상에 깊이 파고든 문화적 욕구, 책을 읽기보다는 텔레비전이 자꾸 보고 싶고 묵상을 하기보다는 게임을 하고 싶은 욕구는 참으로 이겨내기 힘들다.

우리의 공부를 방해하는 악마가 바로 TV와 게임으로 엄습해 오는 것이다. TV와 게임이라는 악마의 공격을 어떻게 막아낼 것인가. 악마의 시험을 이겨내기 위해서는, 예수님이 악마에게 하신 말씀을 깊이 새기며 실천해야 한다.

말씀을 붙들며 살아가라

광야에서의 첫 번째 시험으로, 악마가 예수님께 말했다.

“네가 만일 하나님의 아들이어든 명하여 이 돌들로 떡덩이가 되게 하라.”

그러자 예수님이 대답하셨다.

“기록되었으되 사람이 떡으로만 살 것이 아니요 하나님의 입으로부터 나오는 모든 말씀으로 살 것이라 하였느니라.”

하나님의 말씀은 천지를 창조할 수 있는 힘을 지니고 있다. 창세기 1장을 다시 한 번 보면, 하나님은 말씀으로 천지 만물을 창조하셨음을 알 수 있다.

하나님이 이르시되 빛이 있으라 하시니 빛이 있었고.

(창세기 1:3)

빛, 하늘(궁창, 창공), 해와 달, 별, 식물, 새, 짐승, 가축을 말씀 하나로 창조하셨다. 빛이 생겨라 하시니 빛이 생기다니, 정말 대단하지 않은가. 그 태초의 빛은 천문학자의 발견으로 과학적으로 이미 검증된 사실이다.

1965년 천문학자인 펜지어스와 윌슨은 빅뱅의 불덩어리가 전자기파의 형태로 남은 일종의 메아리인 ‘태초의 빛’을 포착해 천문학의 가장 권위 있는 학술지인 「천체물리학 저널」에 실었다. 이들이 제출한 세 쪽짜리 논문은 무려 13년 동안에 걸쳐 초기 검증이 이루어졌고, 1978년 미국 벨연구소의 아노 펜지어스와 로버트 윌슨은 노벨 물리학상을 수상했다. 최근에는 미항공우주국(NASA)의 인공위성 코비(COBE)의 관측으로 그 존재가 더욱 확실하게 증명되었다(신학과 과학의 만남-태초의 우주, 「국민일보」, 2006년 7월 5일자 기사 참조).

빛과 만물을 창조하는 힘을 지닌 하나님의 말씀을 붙들고 살아간다는 것은 얼마나 멋진 일인가.

하나님을 시험하지 마라

광야에서의 두 번째 시험으로, 악마가 예수님께 말했다.

"네가 만일 하나님의 아들이어든 뛰어내리라 기록되었으되 그가 너를 위하여 그의 사자들을 명하시리니 그들이 손으로 너를 받들어 발이 돌에 부딪치지 않게 하리로다."

예수님이 악마에게 말씀하셨다. "또 기록되었으되 주 너의 하나님을 시험하지 말라 하였느니라."

이와 비슷한 상황이 현실에서도 일어날 수 있다. 비신자가 크리스천을 몰아세우는 것이다. "네가 하나님을 믿는다면, 높은 건물에서 뛰어내려 봐! 하나님이 너를 사랑한다면 천사들에게 명령해서 네가 바닥에 떨어지기 전에 너를 구하도록 하실 거야."

스스로도 이런 상황을 만들 수도 있다. '하나님이 진짜 계시다면, 내가 여기서 뛰어내리더라도 나를 구해주시지 않을까?'

정말 위험한 생각이다. 그런 상황으로 몰아가는 것이 바로 악마의 유혹이다. 하나님은 자신을 시험하는 인간을 결코 구해주지 않으신다. 하나님은 시험의 대상이 아니라 믿음의 대상이다. 믿고 따르면 구원이 있고 생명이 있지만 의심하여 시험하려는 악마의 꼬임에 넘어가면 파멸과 죽음이 닥쳐온다.

여기서 흥미로운 사실은 악마는 그런 꼬임을 할 뿐, 높은 곳에서 예수님을 밀어 밑으로 떨어뜨릴 수는 없었다는 사실이다. 즉 악마는 우리의 마음을 현혹시켜서 우리 스스로 밑으로 떨어지게 하지, 우리를 번쩍 집어 들어 올려서 밑으로 휙 내던지게 할 수는 없다는 것이다.

이는 악마가 우리를 끊임없이 유혹할지라도 정신을 바짝 차리고 끊임없이 기도하며 하나님께 매달리면, 파멸과 죽음의 나락에 떨어지지 않고 구원과 생명의 길을 계속 걸어갈 수 있다는 사실을 알려준다. 다시 말해서 악마가 제아무리 강력하게 공격해 온다고 할지라도 하나님의 힘으로 능히 물리칠 수 있다는 뜻이다. 성경을 읽고 기도하며 묵상한다면, TV나 게임과 같은 악마의 공격을 능히 물리칠 수 있다.

광야에서의 세 번째 시험으로, 세상의 모든 나라와 그 영광을 보여주며 악마가 예수님께 말했다.

"만일 내게 엎드려 경배하면 이 모든 것을 네게 주리라."

예수님이 악마에게 말씀하셨다. "사탄아 물러가라 기록되었으되 주 너의 하나님께 경배하고 다만 그를 섬기라 하였느니라."

주일이면 교회에 나가서 신실하게 예배를 드리고 평소에는 열심히 성경을 읽고 묵상하는 믿음의 자녀들이 오히려 악마의 표적이 될 수 있다. 믿음의 깊이가 깊어지고 그 폭이 넓어질수록 악마가 범접하지 못할 힘을 가졌으면 좋으련만, 안타깝게도 믿음이 깊으면 깊어질수록 악마의 공격은 더욱 치열해진다. 인간이 하나님만 바라보며 살고 자기는 멀리하는 것을 가만히 보고만 있을 악마가 아니다. 믿음의 자녀들을 어떻게 해서라도 쓰러트리려고 악마는 온갖 공격을 다해온다. 마찬가지로 공부를 열심히 해서 성적이 쑥쑥 올라갈수록, 악마의 공격이 한층 치열해진다.

'TV 드라마를 딱 한 시간만 봐야지!'

'게임을 딱 한 판만 하고 갈까?'

악마의 손을 잡고 잠시 논다고 해서 나쁠 것이 없어 보일 때 악마가 공격해 온다. TV를 한 시간 보고 나면 두 시간 세 시간 계속 보고 싶고, 게임을 한판 하고 나면 더 하고 싶어지게 된다. 악마는 잠시만 틈을 주면 비집고 들어와 더욱 세찬 공격을 가해온다는 것을 잊은 채 그 유혹에 넘어갔다가는 큰일 난다. 이럴 땐 단호히 대처해야 한다.

"사탄아, 물러가라!"

이렇게 큰소리로 외치며 사탄의 공격을 물리쳐야 한다. 우리가 "사탄아, 물러가라!"고 외치면 사탄은 정말 물러간다. 하나님의 선택을 받아 하나님의 영광스런 자녀가 된 우리에게는 '말'로 사탄을 물리칠 수 있는 권능이 주어져 있는 것이다. 사탄이 공격해 오는 순간마다, 뿌리치기 어려운 유혹의 순간마다 "사탄아, 물러가라!"고 외치며 마음을 다잡으면, 사탄과의 싸움에서 반드시 승리를 거둘 수 있다. 아주 간단하지 않은가? "사탄아, 물러가라!"고 외치기만 하면 이길 수 있다니.

이는 하나님의 영광스런 자녀에게 주어지는 커다란 권능이요 하늘의 축복이다. 이 모든 것이 하나님을 믿고 따름으로써 가능한 것이니, 하나님이 없는 삶은 참으로 허망하다. 그 허망함은 다음의 연세대 논술고사 제시문을 보면 잘 알 수 있다.

연세대 2005학년도 정시 논술고사

문제 다음 제시문에 담긴 '세월이 흘러감'에 대한 생각을 '욕망'과 연관

시켜 분석하고 자신의 의견을 논술하시오.

 (나) 18 세상에서 내가 수고하여 이루어 놓은 모든 것을 내 뒤에 올 사람에게 물려줄 일을 생각하면, 억울하기 그지없다. 19 뒤에 올 그 사람이 슬기로운 사람일지, 어리석은 사람일지, 누가 안단 말인가? 그러면서도, 세상에서 내가 수고를 마다하지 않고 지혜를 다해서 이루어 놓은 모든 것을, 그에게 물려주어서 맡겨야 하다니, 이 수고도 헛되다. 20 세상에서 애쓴 모든 수고를 생각해 보니, 내 마음에는 실망뿐이다. 21 수고는 슬기롭고 똑똑하고 재능있는 사람이 하는데, 그가 받아야 할 몫을 아무 수고도 하지 않은 다른 사람이 차지하다니, 이 수고 또한 헛되고, 무엇인가 잘못된 것이다. 22 사람이 세상에서 온갖 수고를 마다하지 않고 속썩이지만, 무슨 보람이 있단 말인가? 23 평생에 그가 하는 일이 괴로움과 슬픔뿐이고, 밤에도 그의 마음이 편히 쉬지 못하니, 이 수고 또한 헛된 일이다.

- 『성경전서』 전도서 2:18-23

구약성서의 전도서 말씀이 지문으로 출제되었다. 이 제시문만 놓고 보면 열심히 공부할 필요가 없다. 열심히 노력하고 수고하며 이룩해 놓은 것들이 모두 헛되기 때문이다. 과연 이 말씀이 그런 뜻일까?

다른 문제도 마찬가지지만 특히 이 문제의 경우, 성경을 읽어본 수험생과 읽어보지 않은 수험생의 지문 독해력은 큰 차이가 날 것이다. 성경을 읽어본 수험생이라면 전도서의 이 말씀이 단순히 인생의 모든 수고가 다 헛됨을 뜻하는 게 아니라, 하나님이 없이 사는 인생의 모든 수고가 헛됨을 말하고 있다는 것을 알 수 있을 것이다. 전도서의 핵심 주제를 이미 알고 있기 때문에 이 정도의 독해는 얼마든지 할 수 있다. 인문학적 지식과 교양의 축적에 있어, 교회를 다니고 안 다니고는 이토록 큰 차이가 난다.

전도서의 이 말씀은 '광야 학습법'의 또 하나의 성경적 근거를 이루고 있다. 열심히 공부해서 원하는 대학에 들어가고 취직을 하고 돈을 벌어서 사회적 성공을 이루어도 하나님을 믿지 않는다면, 지혜가 많으면 번뇌도 많게 되고 즐거움도 헛되고 수고도 헛되고 재물과 부요와 존귀도 모두 헛되다. 오로지 세속적인 악마적 욕망을 충족시켜 줄 뿐이기에 평생을 악마의 손아귀에서 놀아난 게 되니 모든 것이 헛될 뿐이다.

사는 게 사는 것 같으려면 하나님과 함께 해야 한다. 하나님과 함께 하면 지혜는 기쁨이 되고 즐거움과 수고, 재물과 부요와 존귀는 모두 지상에서의 영광스런 축복이 되나니, 하나님과 함께 하지 않을 자 그 누구인가! 단련의 시기를 거쳐야만 멋진 공생애를 펼칠 수 있다는 성경적 원리를 가슴 깊이 새기며, 오늘 하루도 광야의 시험에서 승리를 거두자.

세상의 번잡함을 피해서 잠시 광야로 가는 것도 괜찮다는 얘기를 앞에서 나누었지만, 광야는 견디기 힘든 고통과 고난을 상징하기도 한다. 그래서 광야에 홀로 내던져진 사람은 절대절명의 고독과 비탄에 잠기어 절망의 노래를 부를 힘도 없이, 절망의 눈물을 흘릴 힘도 없이, 바닥에 쓰러진 채 오로지 죽음만을 기다리게 된다.

'하나님 아버지, 어찌하여 저를 버리시나이까!'

힘들고 어려울수록 이렇게 기도를 드려야 한다. 하나님께 기도를 드릴 마음도 없는 사람이 기다릴 수 있는 것은 오직 절망적인 미래일 뿐이다. 그러한 절망에 빠지지 않는 방법이 서강대 논술고사에서 출제되었다.

서강대 2006학년도 정시 논술고사

제시1문 **(가)** 인간이란 정신이다. 정신이란 무엇인가? 정신이란 자기이다. 자기란 무엇인가? 자기란 자기 자신과 관계하는 관계이다. 즉 거기에는 관계가 자기 자신과 관계하는 것들이 포함돼 있다. 자기란 단순한 관계가 아니고, 관계가 자기 자신과 관계하는 바를 의미한다.

인간은 유한성과 무한성, 시간성과 영원성, 자유와 필연의 종합이다. 요컨대 인간이란 종합이다. 종합이란 양자 사이의 관계이다. 그러나 이것만으로는 인간은 아직 아무런 자기가 아니다.

양자 사이의 관계에 있어서 관계 그 자체는 부정적 통일*로서의 제삼자이다. 그들 양자는 관계에 대해 관계하는 것이며, 그것도 관계 속에서 관계에 대해 관계하는 것이다. 예를 들면 인간이 영혼이라고 할 경우, 영혼과 육체의 관계는 그와 같은 관계이다. 이에 반해 관계가 그 자신에 대해 관계한다면, 이 관계야말로 적극적인 제삼자인 것이며, 그리고 이것이 자기인 것이다.

자기 자신과 관계하는 그와 같은 관계는 자기를 스스로 정립한 것이거나 아니면 다른 사람에 의해 정립된 것이거나 이 둘 중 하나가 아니면 안 된다.

그런데 자기 자신과 관계하는 관계가 다른 사람에 의해 정립될 경우, 물론 그 관계는 제삼자인 셈이지만 그러나 그 관계, 즉 제삼자는 다시 또 모든 관계를 정립한 것과 관계하는 관계이기도 하다.

이와 같이 도출되어 정립된 관계가 바로 인간인 자기인 것이다. 그것은 인간이 자기 자신과 관계하는 것이요, 동시에 자기 자신과 관계하는 것처럼 그렇게 타자와 관계하는 관계이다.

(주* 여기서 부정적 통일은 정반합의 변증법적 과정으로서의 종합을 의미한다.)

- 키에르케고르, 『죽음에 이르는 병』에서

이 제시문은 기초 지식이 없다면 머리가 아파오는 어려운 글이다. 연이어 나오는 '자기 자신'과 '관계'라는 말이 딱딱하게 느껴지기 때문이다.

그러나 교회에 다니는 수험생들은 키에르케고르(1813~1855)의 이 말이 무엇을 뜻하는지 금세 알아차린다. 키에르케고르의 『죽음에 이르는 병』은 크리스천들에게 널리 읽히는 책 중의 하나이다. 이 책이 말하는 '죽음에 이르는 병'은 '절망'이고, 여기서 말하는 죽음이란 육체적 죽음이 아니라 영원한 생명을 상실하는 기독교적 죽음이라는 것을 잘 알고 있기 때문이다. 즉 기독교에서는 하나님과 관계를 맺지 못하거나 그 관계를 상실한 상태를 죽음이라고 하기에, 죽음에 이르는 병인 절망에서 회복하는 길은 곧 하나님과의 관계를 좋게 회복하는 것이 된다.

하나님을 믿으면 절망적인 죽음에 이르지 않고 희망의 생명을 얻게 된다는 것을 잘 알고 있는 크리스천은 이러한 관점에서 이 제시문을 분석할 수 있다.

물론 이 제시문의 핵심주제는 마지막 문장 속에 있다. 인간이란 '자기 자신과 관계하는 관계'인 동시에 '타자와 관계하는 관계'라는 것을 강조하고 있는 것이다. '자기 자신과 관계하는 관계'란 자신의 내면적 성찰을 강조하는 표현이며, '타자와 관계하는 관계'란 타인과의 관계를 중요시하는 표현이다.

여기까지 분석을 해놓으면 문제는 저절로 해결된다. 이 논술고사의 논제인 '과학 기술의 발달에 따라 인간의 실존적 상황이 달라질 수 있는데, 인간의 정체성 상실의 원인과 해결 방안'이 제시문 (가)의 마지막 문장 속에 숨어 있기 때문이다.

과학 기술의 발달에 따른 인간의 정체성 상실을 회복하려면 종교적 활동을 강화하는 것이 좋은 대안이 될 수 있다. '자기 자신과 관계하는 관계'인 자신의 내면적 성찰은 종교적 사색과 묵상을 통해서 얻을 수 있으며, '타자와 관계하는 관계'인 타인과의 관계 회복은 성도들끼리의 '코이노니아(교제)'를 통해서 얻을 수 있다.

친구를 잘 사귀어라

여기서 종교적 논의를 한 걸음 더 전진시켜보자. '자기 자신과 관계하는 관계'인 자신의 내면적 성찰은 자신의 마음속에 들어와 있는 성령님의 존재와 인도와 역사하심을 항상 느끼며 살아감으로써 하나님과의 관계를 회복하는 것이다. '타자와 관계하는 관계'인 타인과의 관계 회복은 내 가슴속 성령님만 보려고 노력하는 게 아니라, 타인의 가슴속에 들어가 계신 성령님을 볼 줄 아는 '참된 크리스천의 눈'을 갖게 되는 것이라고 할 수 있다.

실은 이러한 크리스천의 눈을 갖게 되기란 결코 쉽지 않다. 아니 이 세상에 그런 크리스천의 눈을 가진 성도가 있다면, 그를 '살아 있는 성자'라고 불러도 좋을 것이다. 그만큼 타인의 가슴속에 들어가 계신 '타인의 성령님'을 보기란 쉽지 않기 때문이다.

세상의 많은 고통과 괴로움의 상당 부분은 바로 타인의 가슴속에 들어가 계신 '타인의 성령님'을 보지 못하기 때문에 일어나는 것이다. 나의 믿음만 중요하게 여기고 상대방의 믿음은 소홀히 여기거나, 나의 성령님만 중요하게 여기고 상대방의 성령님은 미처 보지 못하거나, 혹은 나의 하나님만 중요하게 여기고 상대방 또한 하나님께서 역사하고 계시다는 것을 미처 헤아리지 못할 때 인간관계에서 갈등이 일어나고 괴로움과 고통에 빠지게 되는 것이다.

교회에 다니는 적지 않은 성도들이 이 문제에 시달리고 있다. 성도들 간의 인간관계에서 크고 작은 상처를 받는 것이다. 오죽했으면 목회자나 성도를 보지 말고 하나님만 바라보며 교회생활을 하라는 말이 신앙생활의 주요법칙으로 통용되고 있을까.

이러한 시련이 우리에게 일어나는 것은 멋진 공생애를 주시기 위한 하나님의 끊임없는 단련일까, 아니면 크리스천을 끊임없이 무너뜨리려고 하는 악마의 지속적인 공격일까.

나의 성령님께 매달리며 타인의 성령님도 존중할 줄 아는 인간관계의 해법은 공부를 잘하기 위해서도 꼭 필요한 것이다. 공부란 집에서 혼자서 할 수 있는 것이 아니며 학교 안에서의 건강한 인간관계가 공부의 효율성에 커다란 영향을 끼치기 때문이다. 친구를 잘 사귀고 서로에게 좋은 영향을 주는 것은 학습효과를 높이기 위해서 꼭 필요하다. 좋은 친구를 사귄다는 것은 악마의 유혹을 물리칠 수 있는 강력한 연합군을 결성하는 것과도 같다. 함께 주일예배에 참석하고 서로 성경말씀을 나누며 광야에서의 시련을 함께 이겨낼 수 있는 친구라면 더욱 좋다.

광야를 건너는 법

이번에는 구약성서의 말씀을 잠시 살펴보자. 구약성서에 등장하는 모세는 광야에서의 시험을 이겨내는 법을 우리에게 잘 가르쳐 주고 있는 인물이다. 모세는 이집트에서 노예로 살아가던 이스라엘 민족을 이끌고 40년간 갖은 어려움을 다 극복해 내며 결국 광야를 건너 가나안 땅으로 갈 수 있게 인도해준 '출애굽의 리더'이다.

그 기간이 무려 40년이다. 40년간이나 광야에서 시련을 겪었으니, 광야에 관해서는 뛰어난 전문가라고 할 수 있다. 이스라엘의 가장 위대한 리더가 될 수 있었던 모세의 삶에서 '광야를 건너는 법'을 찾아보자.

첫째, 공부를 해야 리더가 될 수 있다. 모세는 공부하는 성장기와 청년기를 보냈다. 모세의 삶은 40년 단위로 구분되는데, 처음 40년의 모세는 바로의 공주에 의해 목숨을 구하게 되어 왕궁에서 성장한다. 흔히 모세가 살인자의 신분으로 쫓기는 몸이고, 양치기가 되어 비천하게 지내다가 하나님의 부름을 받게 되는 것으로 알고 있지만 모세는 바로 왕의 딸에게서 키워졌다. 이집트 왕의 딸에 의해 키워졌다는 사실은 모세가 유년시절에 수준 높은 교육을 받았을 거라는 것을 추측하게 한다. 후에 이스라엘 민족의 지도자가 되기 위한 기본 교육을 이미 어린 시절에 받았던 것이다. 성경에 "모세가 애굽 사람의 모든 지혜를 배워 그의 말과 하는 일들이 능하더라"(사도행전 7:22)고 나타나 있다. 모세처럼 우리도 공부를 해야 광야를 건널 수 있으며, 공부를 해야 리더가 될 수 있다.

둘째, 모세는 겸손할 줄 알았다. 하나님이 모세에게 "이제 나는 너를 바로에게 보내어, 나의 백성 이스라엘 자손을 이집트에서 이끌어 내게 하겠다"고 말씀하시자, 모세는 "제가 무엇이라고 감히 바로에게 가서 이스라엘 자손을 이집트에서 이끌어 내겠습니까?"라고 아뢰고, "주님, 죄송합니다. 저는 본래 말재주가 없는 사람입니다. 전에도 그랬고, 주님께서 이 종에게 말씀을 하고 계시는 지금도 그러합니다. 저는 입이 둔하고 혀가 무딘 사람입니다"라고 아뢴다.

이렇게 겸손한 태도로 아뢰는 모세에게 하나님은 이스라엘 백성을 이끌 수 있는 능력을 주신다. 하나님께서 모세를 통해 역사하신 구름기둥, 불기둥, 홍해의 기적, 만나와 메추라기 등은 모두 모세의 겸손함에 대한 하나님의 선물이었다. 이러한 원리는 낮은 곳에 임하시는 예수님의 겸손하심에도 잘 나타나 있다. 낮은 곳에 임하고자 하면 높아진다. 오늘날의 리더들이 자꾸 삐거덕거리며 잡음을 많이 내는 이유는 낮은 곳에 임하고자 하는 마음들은 없고 자꾸 높아지려고만 하기 때문이다. 공부도 마찬가지다. 겸손한 마음으로 공부를 해야 거친 광야를 건널 수 있으며, 낮은 데로 임하고자 하는 마음을 가져야 리더가 될 수 있다.

셋째, 모세는 인내할 줄 알았다. 보행하는 장정이 60만 명 가량이니 최소한 200만 명이 넘는 사람들을 이끌고 광야를 건너야 했다. 게다가 그들은 '430년 동안 이집트에서 종살이를 한, 대대로 노예생활을 해온 상당히 거친 사람들'이었다. 그들을 이끌고 광야를 건너간다는 것은 참으로 대단한 일이었다. 그들은 온갖 불평과 원망을 다 늘어놓았다. 물이 써서 마시지 못하겠다고, 고기와 떡을 배불리 먹지 못하고 있다고, 물을 달라고 ……. 계속 투덜거리다가 나중에는 우상숭배를 했고 그것이 극에 달해 금송아지까지 만드는 사태까지 벌어진다. 그래도 모세는 극도의 인내심을 발휘하며, 젖과 꿀이 흐르는 가나안 땅을 향해 전진했다.

공부를 잘할 수 있는 힘도 인내에서 나온다. 인내하며 공부를 해야 광야를 건널 수 있으며, 공부를 해야 리더가 될 수 있다.

"노하기를 더디 하는 것이 사람의 슬기요 허물을 용서하는 것이 자기의 영광이니라"(잠언 19:11)고 말씀하셨으며, "우리가 선을 행하되 낙심하지 말지니 포기하지 아니하면 때가 이르매 거두리라"(갈라디아서 6:9)고 말씀하셨다.

성장기와 청년기에 열심히 공부를 하되 언행을 겸손하게 다듬고 매사에 인내할 줄 알고 감사하는 마음으로 온유를 발휘하면, 어느새 거친 광야를 건너 가나안 땅에 와 있을 것이다.

눈물을 흘리며 씨를 뿌리는 자는 기쁨으로 거두리로다.

(시편 126:5)

3 달란트 학습법

– 자신의 달란트에 맞게 공부하세요

사람이 무엇으로 심든지 그대로 거두리라.

(갈라디아서 6:7)

제 꿈은 드라마 작가예요

"드라마 작가가 되고 싶은데 어떻게 하면 좋을까요? 제가 텔레비전 보는 걸 워낙 좋아하거든요."

교회의 어느 성도가 필자에게 한 질문이다. 그 성도에 대해서 갖고 있던 정보는 국문과 4학년에 재학 중인 대학생이라는 것뿐이었다. 갖고 있는 정보가 그것뿐인데 무슨 말을 해줄 수 있을까. 잠시 뜸을 들이던 필자는 이렇게 대답했다.

"드라마 작가라는 직업은 겉으로는 멋있어 보이지만, 극소수의 작가들에게만 해당하는 화려한 부와 명성을 얻기 위한 과정은 무척 힘든 일입니다. 모든 드라마 작가가 돈을 많이 버는 것도 아니고요. 내 생각에는 드라마 작가가 되기 위한 노력은 계속 하되, 일단은 대학원에 진학하여 공부를 계속 하거나 국어 선생님의 길을 걷는 방안을 강구했으면 합니다. 경제적 자립을 이뤄야 하는 사회적 현실을 무시할 수는 없으니까요."

필자는 이렇게 얘기할 수밖에 없었다. 하고 싶은 일을 하며 살아갈 수 있다면, 자신의 달란트에 맞추어 좋아하는 일을 하면서 돈도 벌고 사회적 성취도 이룰 수 있으면 좋겠지만, 불행히도 많은 사람들이 그런 삶을 살지 못하기 때문이다.

자신의 달란트에 맞추어 자신이 좋아하는 일을 하며 돈도 벌고 사회저 성취도 이루기 위해서는, 10대와 20대 때 열심히 공부해야 한다. 그래야만 달란트에 맞게 살 수 있다. 공부에는 때가 있다. 학문이 없으면 멸시를 하고 학위가 없으면 무시를 하는 게 세상이다. 돈은 나중에 벌어도 되지만, 10대 때 분발해서 공부를 하지 않고, 20대 때 집중해서 학위를 따놓지 않으면, 30대와 40대 아니 50대와 60대가 되어서도 엄청난 후회를 하게 될 것이다. 젊어서 공부를 해놓지 않으면, 하루종일 일해도 돌아오는 대가는 매우 적다.

그러지 않기 위해서는 10대 때 더욱 열심히 공부해야 한다. 한번 흘러가 버리면 두 번 다시 돌아갈 수 없는 금보다 더 귀한 시간이기에 제대로 된 학습법으로 집중해서 공부할 필요가 있다.

‘자신의 달란트에 맞게 공부하라’는 말의 의미는 자신의 재능과 능력에 맞게 공부하라는 뜻이다. ‘달란트(Talent)’는 20.4kg의 금이나 6,000데나리온의 은화를 가리키는 성경에 나오는 단위이다. 방송 연예인을 탤런트라고 부르듯이 요즈음에는 ‘재능’이나 ‘능력’을 뜻하는 용어로 더 많이 쓰이고 있다.

신약성서에 ‘달란트의 비유’라는 유명한 말씀이 나온다. 마태복음 25장에 나오는 그 말씀을 살펴보면 다음과 같다.

14 또 어떤 사람이 타국에 갈 때 그 종들을 불러 자기 소유를 맡김과 같으니 15 각각 그 재능대로 한 사람에게는 금 다섯 달란트를, 한 사람에게는 두 달란트를, 한 사람에게는 한 달란트를 주고 떠났더니 16 다섯 달란트 받은 자는 바로 가서 그것으로 장사하여 또 다섯 달란트를 남기고 17 두 달란트 받은 자도 그같이 하여 또 두 달란트를 남겼으되 18 한 달란트 받은 자는 가서 땅을 파고 그 주인의 돈을 감추어 두었더니 19 오랜 후에 그 종들의 주인이 돌아와 그들과 결산할새 20 다섯 달란트 받았던 자는 다섯 달란트를 더 가지고 와서 이르되 주인이여 내게 다섯 달란트를 주셨는데 보소서 내가 또 다섯 달란트를 남겼나이다 21 그 주인이 이르되 잘

하였도다 착하고 충성된 종아 네가 적은 일에 충성하였으매 내가
많은 것을 네게 맡기리니 네 주인의 즐거움에 참여할지어다 하고
22 두 달란트 받았던 자도 와서 이르되 주인이여 내게 두 달란트를
주셨는데 보소서 내가 또 두 달란트를 남겼나이다 23 그 주인이
이르되 잘하였도다 착하고 충성된 종아 네가 적은 일에 충성하였으
매 내가 많은 것을 네게 맡기리니 네 주인의 즐거움에 참여할지어
다 하고 24 한 달란트 받았던 자는 와서 이르되 주인이여 당신은
굳은 사람이라 심지 않은 데서 거두고 헤치지 않은 데서 모으는 줄
을 내가 알았으므로 25 두려워하여 나가서 당신의 달란트를 땅에
감추어 두었었나이다 보소서 당신의 것을 가지셨나이다 26 그 주
인이 대답하여 이르되 악하고 게으른 종아 나는 심지 않은 데서 거
두고 헤치지 않은 데서 모으는 줄로 네가 알았느냐 27 그러면 네
가 마땅히 내 돈을 취리하는 자들에게나 맡겼다가 내가 돌아와서
내 원금과 이자를 받게 하였을 것이니라 하고 28 그에게서 그 한
달란트를 빼앗아 열 달란트 가진 자에게 주라 29 무릇 있는 자는
받아 풍족하게 되고 없는 자는 그 있는 것까지 빼앗기리라 30 이
무익한 종을 바깥 어두운 데로 내쫓으라 거기서 슬피 울며 이를 갈
리라 하니라

이 말씀이 바로 유명한 '달란트의 비유'이다. 하나님이 주신 달란

트이기에 천부적인 재능, 혹은 하나님이 특별히 맡기신 임무로 받아들여야 한다. 달란트의 비유를 우리의 학습법에 대입해 보면 많은 것을 깨닫게 된다.

공부에 소질이 없는 사람은 없다

"난 공부에 소질이 없나 봐. 공부는 집어치우고 일찌감치 장사에 뛰어들어야 할까 봐."

아무리 노력해도 성적이 오르지 않는 학생들은 심한 좌절을 한다. 노력한 만큼의 결과가 계속 나오지 않으면 실망을 거듭하다가 나중에는 공부를 포기하는 최악의 상태로 치닫게 되는 것이다. 열심히 공부했는데도 성적이 오르지 않는 학생들은 스스로에게 진지하게 질문해야 한다.

첫째, 진짜로 열심히 공부했는가? 수업에 참여한다고, 책상 앞에 앉아 있다고, 교과서나 참고서를 보고 있다고 다 공부를 하는 것은 아니다. 집중하지 않으면 아무 소용이 없다. 실제로 열심히 공부하지는 않고 성적이 오르지 않는다고 한탄하는 학생들이 의외로 많다. 열심히 했는데도 성적이 안 오르는 게 아니라 집중해서 하지 않았기 때문에 성적이 오르지 않는 것이다.

둘째, 스스로 공부했는가? 자기가 공부의 주체가 되어 스스로 계획을 세우고 시간을 통제하는 정도가 되어야 열심히 공부했다고 할 수 있다. 마지못해 학교에 가고, 학원에 가고, 억지로 과외를 받는 타율적인 학습은 효과도 별로 없을 뿐더러 아무리 많은 시간을 할애했다 할지라도 열심히 한 것이 아니다. 타율적으로 강요당한 학생의 성적이 오르지 않는 것은 너무도 당연한 일이다. 어쩌다 일시적으로 성적이 오르는 일이 있을지도 모르지만 길게 갈 수는 없다. 21세기 학습의 요체는 스스로 사고하는 힘을 기르는 것이다. 그게 타율적인 통제와 과외 등으로 길러지기나 하는 것인가. 스스로 공부해야 한다. 자기 주도적으로 스스로 찾아서 공부하는 학생이 성공한다.

많은 학생들이 이 두 가지 중 하나는 꼭 걸린다. 진짜로 열심히 공부하지 않고, 스스로 공부하지 않고, 성적이 오르기만 기대하는 것이다. 그러고는 절망한다.

"난 공부엔 소질이 없나 봐……."

세상의 모든 학생들은 공부를 잘할 수 있는 달란트를 갖고 있다. 마태복음 25장 15절을 다시 한 번 보자. 주인이 종들에게 다섯 달란트, 두 달란트, 한 달란트를 나누어준다. 달란트의 차이가 있을지언정 모든 종들이 주인에게서 달란트를 부여받았다는 사실을 깨달아야 한다. 일을 하는 능력이 조금 떨어진다고 해서 아예 아무것도 주지 않는 일은 절대 없었던 것이다.

우리는 몇 달란트에 해당되는가?

책을 읽고 이해하는 능력이 조금 떨어진다고 해서 우리에게 공부를 잘할 있는 능력이 전혀 없는 것은 아니다. 1등을 한 학생이 다섯 달란트를 잘 관리해서 열 달란트의 성적을 거두었다면, 우리는 1등보다 열 배의 노력을 더 기울이면 된다. 열 배의 노력을 더 기울여 우리에게 주어진 1달란트를 열 달란트로 확장시키는 괄목할 만한 성적으로 거둔다면, 우리는 최후의 승리자가 되는 것이다.

나에게 주어진 달란트가 적다고 한탄하지 말자. 어제의 1등보다 열 배, 스무 배의 노력을 기울여서 오늘의 승자가 되는 것이 더 값지다.

공부는 성실하게 평소에 해야 한다

성실하고 부지런한 종에게는 다섯 달란트가 주어지고, 보통의 종에게는 두 달란트가 주어지고, 게으른 종에게는 한 달란트가 주어졌다는 사실에 주목해야 한다. 성경에는 물론 "각각 그 재능대로(each according to his ability)"라고 나와 있어, 성실함보다는 재능의 많고 적음에 따라서 달란트가 주어졌지만, 종들의 성실함과 재능이 비례

하고 있다는 것이다.

열심히 공부하고 성실히 노력하는 사람에게는 공부를 잘할 수 있는 능력이 더 많이 주어진다는 '달란트 학습법의 원리'이다. 18절을 보면 한 달란트를 받은 사람은 가서 땅을 파고 주인의 돈을 숨겼다. 자신의 달란트를 숨긴 채 아무 일도 하지 않은 것이다. 성적이 좋은 학생들의 공통적인 특징은 평소에도 열심히 공부를 한다는 것이다. 시험 때만 반짝 공부하는 학생이 평소에도 열심히 공부하는 학생을 따라가기란 거의 불가능하다. 이렇게 평소에도 열심히 공부해야 자신의 달란트의 두 배의 결실을 얻을 수 있다. 또한 결실은 성적순이 아니라는 사실을 깨달아야 한다. 2등이었던 학생이 1등을 한 것보다, 30등이었던 학생이 28등을 한 게 더 잘한 것이다.

다섯 달란트를 열 달란트로 만든 종과 두 달란트를 네 달란트로 만든 종은 주인에게 똑같은 칭찬을 받는다. "잘하였도다! 착하고 충성된 종아. 네가 적은 일에 충성하였으며 내가 많은 것을 네게 맡기리니 네 주인의 즐거움에 참여할지어다."

21절과 23절에 나오는 주인의 칭찬이 토씨 하나 틀리지 않고 똑같다. 1등을 못했다고 낙심할 필요는 없다. 성적도 중요하지만 열심히 노력하는 성실함이 더 중요하다.

가난은 죄가 아니다. 하지만 게으르게 사는 것은 죄가 된다. 게으른 거지는 있어도 노력하는 거지는 없다. 부자로 사는 것은 죄가 아니다. 하지만 흥청망청 사는 것은 죄가 된다. 게으른 부자에서 한 푼도 없는 거지가 되는 것은 시간문제다. 주인이 준 한 달란트를 땅 속에 파묻어놓고 게으름을 피우던 종은 호된 벌을 받는다.

"이 쓸모없는 종을 바깥 어두운 데로 내쫓아라. 거기서 슬피 울며 이를 가는 일이 있을 것이다!"

공부도 마찬가지다. 공부를 잘할 수 있는 달란트가 분명히 있는데도 머리가 나쁘다는 둥, 학원에 보내주지 않는다는 둥, 과외를 시켜주지 않는다는 둥, 어학연수를 보내주지 않는다는 둥, 갖은 핑계를 다 대며 요리조리 공부를 피해가는 게으른 사람은 머지않아 큰 벌을 받고 땅을 치며 후회하게 될 것이다.

공부에 대한 세상의 이치는 너무도 극명하게 엇갈린다. 공부를 열심히 하면 상을 받게 되지만, 공부를 하지 않으면 벌을 받게 된다. 성경 말씀에 "스스로 속이지 말라 하나님은 업신여김을 받지 아니하시나니 사람이 무엇으로 심든지 그대로 거두리라"(갈라디아서 6:7)고 하셨다. 게으름의 결과는 그대로 나타난다.

'달란트 학습법'은 '은사 학습법'으로 발전될 수 있다. 달란트와 은사는 둘 다 재능이나 능력을 뜻하는 말로 많이 쓰이는데 약간의 차이가 있다. 달란트는 천부적인 재능을 뜻할 때 많이 쓰이고, 은사 (Gifts)는 예수님을 영접하고 나서 성령님이 선물로 주신 은혜로운 재능을 뜻할 때 많이 쓰인다.

성령의 은사에 의하면, 성도들은 각각 자기가 잘할 수 있는 분야가 있게 된다. 신약성서의 고린도전서 12장에 잘 나와 있다.

6 또 사역은 여러 가지나 모든 것을 모든 사람 가운데서 이루시는 하나님은 같으니 7 각 사람에게 성령을 나타내심은 유익하게 하려 하심이라 8 어떤 사람에게는 성령으로 말미암아 지혜의 말씀을, 어떤 사람에게는 같은 성령을 따라 지식의 말씀을, 9 다른 사람에게는 같은 성령으로 믿음을, 어떤 사람에게는 한 성령으로 병 고치는 은사를, 10 어떤 사람에게는 능력 행함을, 어떤 사람에게는 예언함을, 어떤 사람에게는 영들 분별함을, 다른 사람에게는 각종 방언 말함을, 어떤 사람에게는 방언들 통역함을 주시나니 11 이 모든 일은 같은 한 성령이 행하사 그의 뜻대로 각 사람에게 나누어 주시는 것이니라

예수님을 영접하여 성령님이 영혼 속에 들어와 있는 학생들은 '달란트 학습법'에서 한 걸음 더 전진하여 '은사 학습법'의 단계에 올라서야 한다.

교회에서의 사역이 성령의 은사에 의해 여러 가지로 나누어지듯, 교과목도 각각 내가 좋아하는 과목, 싫어하는 과목, 잘하는 과목, 못하는 과목으로 나누어진다. 은사 학습법이란 자기가 좋아하는 과목을 '주특기 과목'으로 개발하는 공부법이다. 잘하는 과목은 더 잘하고 못하는 과목도 잘하게 만드는 것이 바로 은사 학습법이다.

잘하는 과목은 더 잘하고 못하는 과목도 잘하게 만든다? 그게 가능한 일일까? 고등학교에 올라가면 해야 할 공부의 양이 엄청 많아진다. 국어, 영어, 수학, 사회, 과학 중에서 어느 것 하나 소홀히 할 수 없다. 내신과 수능은 물론 논술에도 집중해야 어떻게 해서든 대학에 들어갈 수 있으니, 그 소용돌이 속에서 주특기 과목을 만드는 건 그리 쉽지 않아 보인다. 국어, 영어, 수학 중에서 어느 것 하나 뒤처진다면 원하는 대학에 들어가기가 쉽지 않기 때문이다.

상황이 그렇게 긴박하게 돌아간다 하더라도 주특기 과목은 반드시 만들어 놓아야 한다. 이것이 바로 은사 학습법이다. 모든 과목을 다 잘할 수는 없다. 국어를 잘하는 학생이 과학을 잘하는 경우는 흔치 않으며, 수학을 뛰어나게 잘하는 학생이 국어를 잘하는 경우도 많지 않다. 우리에게 주어지는 달란트와 은사가 사람마다 다르기 때문이다. 그 점을 간과하지 말고 오히려 그 점을 중시하며 공부해야 한다. 그래야 좋은 성과를 낼 수 있다.

그중에서 영어는 필수다. 좋든 싫든, 잘하든 못하든, 무조건 최고의 실력으로 끌어올려야 한다. 여기서의 최고의 실력이란 토플이나 토익에서 만점을 맞는 것을 뜻하는 게 절대 아니다. 외국 대학을 목표로 하지 않고 국내 대학을 목표로 공부할 경우 추구해야 할 최고의 실력이란 내신과 수능에서 만점을 맞는 것이다.

영어는 평소에 열심히 해야 할 필수 과목이지 주특기 과목이 되어서는 안 된다. 일단은 영어를 열심히 하며 나머지 네 과목 중에서 주특기 과목을 정해야 하는데, 문과와 이과로 나누면 간단히 정할 수 있다. 문과의 경우엔 국어와 사회, 이과의 경우엔 수학과 과학을 주특기 과목으로 정하면 된다. 주특기 과목이란 언제 어디서 시험을 치르건 항상 만점에 가까운 점수를 받을 수 있도록 평소에 깊고 넓게 공부를 이어가는 과목을 말한다. 이 주특기 과목의 심화학습은 자신의 장래직업과도 깊은 관련이 있지만, 이것 역시 내신과 수능에서의 만점을 목표로 할 뿐 더 이상의 심화학습은 무리다. 수학과 과학, 혹은 국어와 사회 등의 나머지 두 과목도 공부해 두어야 한다. 나머지 두 과목을 위해서 필요한 게 바로 서울대 논리논술 경시대회 지문에 나와있다.

제시문

역사는 사람을 현명하게 하고, 시는 지혜롭게 하며 수학은 치밀하게 하고 자연 과학은 심원하게 하며, 윤리학은 중후하게 하고 논리학과 수사학은 담론에 능하게 한다. 학문은 발전하여 인격이 된다. 뿐만 아니라 적당한 학문으로 제거할 수 없는 지능의 장애란 있지 않다. 그것은 마치 육체의 질병에 대하여 그것을 치료할 수 있는 적합한 운동이 있는 것과 같다. 예컨대, 투구(投球)는 결석병과 신장에 좋고 사격은 폐와 가슴에 좋으며, 가벼운 보행은 위에 좋고, 승마는 머리에 좋은 것 등과 같은 것이다. 그러므로 누구나 만일 머리가 산만하면 수학을 배우게 하는 것이 좋다. 그것은 실제로 수학 문제를 풀 때 머리가 조금이라도 헷갈리면 처음부터 다시 시작해야 하는 것이기 때문이다. 만일 식별력이 없고 차이를 분별하는 능력이 부족하다면 스콜라 철학자들을 연구하게 하는 것이 좋다. 그들은 '머리카락 하나라도 갈라 보려고 하는 치밀한 사람들'이기 때문이다. 만일 문제를 충분히 검토하고 한 가지를 증명 또는 예증하기 위하여 다른 것을 제시할 능력이 불충분하다면, 법의 판례를 연구하게 하는 것이 좋다.

— 베이컨, 『학문』

이 제시문에 의하면, 문과 학생에게도 수학과 과학이 필요하고 이과 학생에게도 국어와 사회가 필요하다. 각자에게 주어진 달란트와 은사의 차이는 있을지언정 우리가 학교에서 배우는 모든 교과목이 다 필요한 것이다.

문과 학생은 수학과 과학을 무조건 싫어하거나 기피하지 말자. 수학은 사람을 치밀하게 해주고 과학은 사람을 심원하게 해준다. 수학과 과학의 통합교과적인 교양을 갖춘 전문인이 되기 위한 발판으로 수학과 과학에서도 짜릿한 재미를 찾을 수 있기를 바란다.

또한 이과 학생은 국어나 사회를 무조건 어려워하거나 뒤로 미뤄 두지 말자. 국어는 사람을 지혜롭게 해주고 사회는 사람을 현명하게 해준다는 것을 깨달아야 한다. 그리하여 인문학적 교양을 갖춘 수학자 혹은 과학도의 길을 걷기 위한 초석을 다지길 바란다.

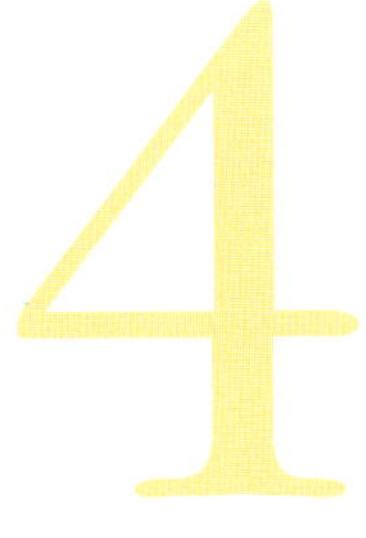

팔복 학습법

– 팔복을 누리며 공부하세요

네 마음을 다하며 목숨을 다하며 힘을 다하며 뜻을 다하여
주 너의 하나님을 사랑하고 또한 네 이웃을 네 자신 같이
사랑하라.

(누가복음 10:27)

"새벽 2시에 횡단보도의 빨간 신호등을 무시하고 주행을 한 자동차에 대해 교통신호 위반 범칙금 부과 통고를 한 경찰관이 있다. 그의 행위가 정당한지 말하고, 만약 그 차가 생명이 위급한 환자를 싣고 있었다면 어떻게 해야 하는지 말하시오."

서울대 법과대학 구술면접에 출제되었던 기출문제이다. TV 프로그램인 〈솔로몬의 선택〉에 나올 법한 문제가 대입 면접고사에 실제로 출제되고 있는 게 우리의 현실이다. 서울대의 이 문제는 교육방송의 구술·심층면접 특강 시간에서도 한번 다루어져서 상위권 학생들에게는 비교적 익숙한 문제일 수 있다. 그런데도 여기서 거듭 소개하는 이유는 공부를 하는 데 필요한 우리의 도덕적 가치관을 '팔복 학습법'에 근거해서 근본적으로 점검하고 싶기 때문이다. 또한 이와 비슷한 유사문제가 언제라도 거듭 출제될 수 있는, 상당히 중요한 주제를 담고 있는 논제이기 때문이다.

이 문제에서는 두 개의 가치가 충돌하고 있다. 빨간 신호등을 무시하고 주행한 운전자에게 교통신호 위반 범칙금을 부과해야 한다는 준법정신의 가치가 있다. 법을 지켜야 한다는 준법의 가치는 경찰관에게 너무도 당연한 것으로서, 그 경찰관은 마땅히 신호위반 차량을 단속해야 한다.

그런데 또 하나의 가치가 대두되고 있다. 만약 그 차가 생명이 위급한 환자를 싣고 있었다면 어떻게 해야 할까? 생명존중의 가치가 제기되는 것이다. 교통 법규를 지켜야 하는가, 생명을 지켜야 하는가. 그 자동차가 병원의 구급차가 아닌 것은 분명하다. 119 차량이거나 병원의 구급차라면, 신호위반 범칙금을 부과하느니 안 하느니 하는 문제를 출제하는 게 무의미하기 때문이다. 문제는 일반 차량이 긴급한 상황을 맞이했을 경우다. 촌각을 다투는 위급환자가 있다는 것을 경찰관이 알게 되었다면, 오히려 그 경찰관이 환자의 긴급 이송을 돕는 게 정당한 행위일 것이다. 교통위반 차량을 적발하여 범칙금을 물리는 것보다는 시민의 생명을 지키고 보호해 주는 가치가 보다 중요하기 때문이다.

그래서 법의 집행에는 정상참작이라는 게 있다. 실정법을 어길 수밖에 없었던 피고인의 전후좌우의 상황을 고려하여 형량을 매겨 선고를 내리는 것이다. 하늘 아래 벌어지는 모든 상황을 실정법으로 제어할 수는 없다. 법이 인간의 모든 가치를 조정·조율해 줄 수는 없다는 뜻이다. 타인의 가치와 나의 가치가 갈등 및 충돌을 일으킬 때 법이 나서서 조정·조율을 해주어야 하는데, 실정법이 그 역할을 하기에는 분명한 한계가 있다. 그래서 보편적이면서도 항구적인 가치를 지니고 있는 자연법의 가치가 현실세계의 실정법과 상호보완을 해나갈 수밖에 없다. 자연법에 대해서는 이 책의 서두인 '공부복음'에서 한번 다루었다.

아마 지금 "앗, 그랬었나?" 머리를 긁적이며 난감해 하는 독자도 있을 것이다.

자연권과 실정법의 충돌

'공부복음'에서 소개한 로크의 '통치론'(서울대 2008학년도 1차 예시문항)을 기억해보자. 그 지문에 로크의 자연법 사상이 담겨져 있다. 다시 한 번 정독해 보면 그 제시문이 바로 로크의 자연법 사상의 핵심을 이루는 글임을 알 수 있을 것이다.

　로크가 얘기하는 자연상태는 모든 인간이 각자가 자연법(自然法)의 범위 안에서 자기의 행동을 규율하며, 스스로 적당하다고 생각하는 대로 그 소유물과 신체를 처리할 수 있는 완전한 자유의 상태이다. 그곳에서는 누구나 똑같은 평등한 권리를 가지고 있다는 것이다.

　로크의 말대로 그렇게만 될 수 있으면 좋으련만 인간의 현실은 그렇지가 못하다. 자연법의 범위 안에서 자기의 행동을 규율할 수 없으며 스스로 적당하다고 생각하는 범위 내에서 자신의 소유물을 절제하지도 못한다.

　인간에게는 일을 잘하거나 못하는 능력의 차이가 있게 마련이고, 일을 열심히 하거나 등한시하는 성실함의 차이가 있게 마련이다. 자신의 노동의 대가를 화폐로 축적할 수 있다는 엄연한 경제현실 앞에서 자연법을 들먹이며 소유물의 제한을 거론하는 것은 21세기에 원시공산사회를 재건하겠다는 이야기로밖에 들리지 않는다.

　하지만 로크의 자연법 사상이란 그런 개념이 아니다. 그 누구도 타인의 생명, 건강, 자유 및 재산을 침해해서는 안 되는데 화폐의 발달과 소유물의 차이로 인하여 타인의 소유물을 침해하는 사태가 발생한다. 이런 사태가 일어나지 않게 하고 사람들의 생명, 자유, 자산이라는 자연권을 보다 안전하게 지키기 위해서 정치사회를 결성하여 각자의 개인적 처분권을 정부에 위임하자는 것이다.

　다시 말해서, 정치사회의 결성 목적이 생명과 재산 등의 자연권을 보호하는 데 있다는 것이다.

로크의 이러한 정치적 자유주의 이론에 맞추어 서울대 구술면접 문제를 다시 한 번 살펴보면, 서울대의 그 문제를 "자연권이 우선이냐 실정법이 우선이냐"라는 논제로 파악할 수 있다. 이 문제는 얼핏 보면 초등학생도 풀 수 있는 굉장히 쉬운 문제 같지만, 실은 그 속에 상당히 많은 함의를 내포하고 있다. 인간의 자연권과 실정법이 충돌할 때는 어떻게 할 것인가.

예를 들어, 서울대 구술면접의 상황에서 만약 경찰관이 신호위반 차량을 너무 오래 붙잡아 그 응급환자가 제때에 병원에 도착하지 못했고 결국 죽음에 이르렀다면, 그 경찰은 응급환자의 죽음에 따른 응분의 대가를 치러야 할까? 응급환자의 가족들이 교통경찰관의 과도한 신호위반 단속행위가 응급환자의 구조를 방해했다는 것을 입증하게 되면, 그 경찰관은 처벌을 받게 되는가?

이것은 어디까지나 논의를 전개시키기 위한 가정에 불과하다. 응급환자가 실려 있는 것을 보고도 시간을 지연시키는 경찰이 이 세상에 존재한다고는 생각할 수 없기 때문이다.

하지만 응급환자를 보고도 신호위반 범칙 스티커를 발부하고 나서 곧바로 그 차량을 통과시키거나, 혹은 범칙 스티커를 발부하지 않는다 하더라도 경찰관 스스로가 나서서 그 차량을 인도하여 병원에 신속히 도착하게 이끌어주지는 않는 경찰관은 존재할 것이다.

경찰관의 공적 권력을 잘 이용하면 그 응급환자가 1분 1초라도 빠르게 병원에 도착할 수 있게 도울 수 있지만, 그렇게 하지 않는 경찰관도 있을 것이다.

이 경우 응급환자에 대한 적극적인 구조활동을 하지 않은 경찰관은 시민의 자연권을 적극적으로 보호해 주지 않았으므로 사법처리의 대상이 되는 것일까?

착한 사마리아인의 법

이 문제를 '착한 사마리아인의 법'으로 확대해 보면, 비단 경찰뿐만 아니라 우리 일반인들도 일상에서 맞닥뜨릴 수 있는 응급환자를 도와주지 않거나 적극적으로 구조해 주지 않은 것에 대한 사법처리의 대상이 될 수 있다. 물론 사법처리의 대상이 되지 않기 위해서 응급환자를 일부러 도와주어야 하는 것은 아니지만 말이다.

'착한 사마리아인의 법'이란 신약성서의 누가복음 10장에 나오는 '자비를 베푼 사마리아 사람'의 이야기에서 유래된 법이다.

성경 말씀을 같이 읽어보면 다음과 같다.

25 어떤 율법교사가 일어나 예수를 시험하여 이르되 선생님 내가

무엇을 하여야 영생을 얻으리이까 26 예수께서 이르시되 율법에 무엇이라 기록되었으며 네가 어떻게 읽느냐 27 대답하여 이르되 네 마음을 다하며 목숨을 다하며 힘을 다하며 뜻을 다하여 주 너의 하나님을 사랑하고 또한 네 이웃을 네 자신 같이 사랑하라 하였나 이다 28 예수께서 이르시되 네 대답이 옳도다 이를 행하라 그러 면 살리라 하시니 29 그 사람이 자기를 옳게 보이려고 예수께 여 짜오되 그러면 내 이웃이 누구니이까 30 예수께서 대답하여 이르 시되 어떤 사람이 예루살렘에서 여리고로 내려가다가 강도를 만나 매 강도들이 그 옷을 벗기고 때려 거의 죽은 것을 버리고 갔더라 31 마침 한 제사장이 그 길로 내려가다가 그를 보고 피하여 지나가 고 32 또 이와 같이 한 레위인도 그곳에 이르러 그를 보고 피하여 지나가되 33 어떤 사마리아 사람은 여행하는 중 거기 이르러 그를 보고 불쌍히 여겨 34 가까이 가서 기름과 포도주를 그 상처에 붓 고 싸매고 자기 짐승에 태워 주막으로 데리고 가서 돌보아 주니라 35 그 이튿날 그가 주막 주인에게 데나리온 둘을 내어 주며 이르되 이 사람을 돌보아 주라 비용이 더 들면 내가 돌아올 때에 갚으리라 하였으니 36 네 생각에는 이 세 사람 중에 누가 강도 만난 자의 이웃이 되겠느냐 37 이르되 자비를 베푼 자니이다 예수께서 이르 시되 가서 너도 이와 같이 하라 하시니라

이 말씀을 새길 때마다 필자는 얼굴을 붉히게 된다. 강도를 만나 길가에 쓰러져 있던 환자를 구한 사람은 제사장도 레위인도 아닌, 들개와 같은 천한 취급을 받았던 사마리아인이었다는 그 비유가, 필자를 한없이 부끄럽게 하기 때문이다.

율법주의에 사로잡혀 있던 제사장도, 선민의식에 빠져 있던 레위인도 죽어가는 응급환자를 그냥 지나쳤다는 이야기는 오늘날 율법주의에 사로잡혀 있는 공무원이나 종교 지도자, 정치인 등의 사회 지도층과 선민의식에 빠져 있는 엘리트 계층이 과연 다 죽게 된 우리 시대의 응급환자들을 제대로 구제해 주고 있는가라는 근본적인 질문을 던지게 한다.

그 점에서는 필자도 예외가 아니다. 우리 시대의 응급환자들을 구제하는 데 적극적으로 나서지 않고 있기 때문에 얼굴이 더없이 화끈거리는 것이다. 착한 사마리아인 법을 제정하건 제정하지 않건 그건 중요한 문제가 아니다. 문제의 본질은 우리가 과연 착한 사마리아인처럼 살아갈 수 있느냐 하는 것이다.

이 법을 넓게 적용하면, 세상 모든 사람들은 현세의 실정법을 어긴 죄인이 된다. 만약 우리 주변에 돈이 없어서 밥을 굶는 사람이 있다면 우리 모두는 범죄인이 되는 것이며, 잠잘 곳이 없어 길거리를 떠도는 사람이 주변에 있다면 그 또한 우리 모두를 범죄인으로 만드는 것이다.

이웃이 굶어 죽는데 내 배는 채워야 하고, 이웃은 잠잘 데가 없는데 나는 따뜻한 침실에서 안락하게 잠들고, 이웃은 병원에 가보지도 못한 채 병마와 싸우고 있는데, 나는 희희낙락 세상의 쾌락과 욕망에 젖어 있다면, 굳이 '착한 사마리아인 법'을 거론하지 않더라도, 이웃의 굶주림과 헐벗음과 아픔을 돌아보지 않은 우리 모두는 범죄인이다.

인생의 여덟 가지 복

삶의 비통함을 느낄 때마다 마태복음 5장의 '여덟 가지 복'을 새기게 된다.

3 심령이 가난한 자는 복이 있나니 천국이 그들의 것임이요 4 애통하는 자는 복이 있나니 그들이 위로를 받을 것임이요 5 온유한 자는 복이 있나니 그들이 땅을 기업으로 받을 것임이요 6 의에 주리고 목마른 자는 복이 있나니 그들이 배부를 것임이요 7 긍휼히 여기는 자는 복이 있나니 그들이 긍휼히 여김을 받을 것임이요 8 마음이 청결한 자는 복이 있나니 그들이 하나님을 볼 것임이요 9 화평하게 하는 자는 복이 있나니 그들이 하나님의 아들이라 일컬음을

누가복음의 '착한 사마리아 사람'의 말씀에 이어 마태복음의 '여덟 가지 복'을 살펴보는 이유는 이 말씀이 착한 사마리아인처럼 선을 베풀며 살아가는 여덟 가지 방법을 보여주고 있기 때문이다. 또한 이 여덟 가지 복은 우리가 어떻게 공부를 해나가야 하는가를 구체적으로 가르쳐 주는 말씀으로 다가온다. 그래서 팔복(八福) 학습법이다.

팔복 학습법이란 우리가 열심히 공부를 해야 하는 궁극적인 목적을 잘 보여주고 있다. 우리가 공부하는 이유는 절대로 돈을 많이 벌고 높은 지위를 얻기 위해서가 아니다. 그것은 하나님을 경배하고 어려운 이웃을 섬기며 '착한 사마리아인의 정신'을 실천하기 위해서다. 그런 마음가짐이 없이 공부를 해서 나중에 출세를 한다 할지라도, 고작해야 다 죽어가는 응급환자를 돌보지 않고 모른 척 지나쳐 버리는 제사장이나 레위인밖에 되지 않는다.

고작 제사장이나 레위인같은 사람이 되기 위해서 힘들게 공부하는 건 너무 억울하지 않은가. 열심히 공부했으면 무언가 멋지고 보람있는 일을 해야지 어려운 이웃도 돌보지 못하는 '참으로 비천한 삶'을 살아서 무엇 하겠는가.

비천한 제사장과 레위인이 되지 않고 어려운 이웃을 돌보는 멋지고 보람있는 삶을 살기 위해서는 애초에 공부를 '팔복 학습법'에 맞춰서 해야 한다.

어떻게 공부해야 하는지 구체적인 방법을 살펴보자.

마음이 가난한 사람은 복이 있다

첫째, 지적 호기심을 가져야 한다. 마음이 가난하다는 것은 자신이 빈 그릇임을 깨닫는 것이다. 빈 그릇임을 깨달아야만 채울 수 있다. 요즘 '마음 비우기 운동'이 자주 언급되는 것을 볼 수 있는데, 마음을 비우는 것보다 더 중요한 일은 자신이 빈 깡통임을 깨닫는 것이다. 논리적으로 볼 때도 그렇다. 마음을 비우려면 그 마음이 무엇인가로 채워져 있어야 하는데 채워지지도 않은 마음을 무슨 수로 비울 수 있다는 말인가.

내려놓는다는 의미도 마찬가지다. 올려놓은 것이 있어야만 내려놓을 수가 있다. 올려놓지도 않은 사람에게 내려놓을 것을 강요할 수는 없다. 그런 의미에서 볼 때 마음을 비우는 것은 마음을 채운 자의 특권이요, 내려놓는 것 역시 올려놓은 자의 특권일 뿐이다.

비우기 위해서는 먼저 채워야 하고, 채우기 위해서는 먼저 자신이 빈 그릇임을 깨달아야 하고 그 깨달음 속에 지적 호기심을 발동해야 한다.

지적 호기심이란 모르는 것을 알아가면서 얻는 재미이다. 모르던 것을 알아가는 재미를 느낄 수 있을 때, 비로소 성적이 오르게 된다.

슬퍼하는 사람은 복이 있다

둘째, 모르고 있다는 사실에 애통해야 한다. 모르고 있다는 사실에 분통이 터지고 비참하고 창피하고 애통해 해야 한다. 알아도 그만 몰라도 그만! 이렇게 해서는 공부가 되지 않는다. 다 같은 인간으로 태어나 친구는 아는데 왜 나는 모르고 있는가! 친구가 알고 있으면 나도 당연히 알고 있어야 하지 않는가! 내가 모르고 있다는 사실에 대해 땅을 치며 비통해 하고 애통해 하며 공부를 해야 한다.

그렇게 간절한 마음으로 공부해야 한다. KBS의 인기 프로그램 〈도전 골든벨〉에 출제된 적이 있는 '베버리지 보고서'는 사회보험제도를 통한 빈곤퇴치를 역설하고 있다. 베버리지 보고서는 무상 의료 서비스, 완전고용정책, 자녀수에 따른 가족수당 등을 주장하고 있는데, 그 무엇보다도 빈곤을 퇴치하고 있는 가장 좋은 방법은 바로 '교육'이라고 한다. 그래서 복지 분야에서는 교육을 일컬어 '교육복지'

라 일컫고 있다.

복지 개념으로 교육에 접근하면, 우리가 나아갈 길이 보다 분명해
진다. '가난'보다 더 무서운 것은 '무지'이다. 가난에서 벗어나게 해
달라고 기도드리기보다는 무지에서 벗어나게 해달라고 기도드려야
한다. 잘살게 해달라고 가난에서 벗어나게 해달라고 기도드리듯이,
무지에서 벗어나게 해달라고 기도드려야 한다. 공부를 잘하게 해달
라고 기도드려야 한다.

"내가 모르는 것을 알게 해주세요! 꼭 알게 해주세요!"

간절히 부르짖으며 공부해야 한다. 그렇게 기도드리며 모르는 것
을 알고자 하는 간절한 마음으로 공부를 하면, 성적이 오르게 된다.

온유한 사람은 복이 있다

셋째, 하나는 알아도 둘은 모르고 있다는 사실을 깨닫고 겸손해야 한
다. 온유한 것은 겸손한 것이니 겸손한 마음으로 공부에 매진해야 한
다. 하나를 알았다고 우쭐해지는 교만을 경계해야 한다. 우리가 알
면 얼마나 알겠는가. 나 이외의 모든 세상 사람들이 스승임을 깨닫
고 배우려고 노력할 때, 제대로 된 공부를 할 수 있다.

성경 말씀에 "네가 북두칠성을 묶을 수 있느냐? 네가 오리온의 줄

을 풀 수 있느냐? 네가 때에 따라 별자리를 낼 수 있느냐? 곰자리와 그 별들을 인도할 수 있느냐? 네가 하늘의 법칙을 아느냐? 네가 땅을 다스리는 주권을 세울 수 있느냐?"(욥기 38:31-33 참조)고 하셨다. 하나님이 욥에게 하신 말씀이다. 인간이 알고 있는 것은 한정되어 있고, 인간이 알 수 있는 것도 유한하다. 그것을 깨닫지 못한 채 우주의 주인이 된 듯한 오만함과 방자함이 하늘을 찌르게 되면 하늘로 향하던 바벨탑이 무너지듯 공부는 그것으로 끝이 난다. 겸손하게 공부해야 한다. 겸손한 마음으로 공부를 하면, 잔뜩 움츠려 있는 개구리가 높이 뛰어오르듯 성적이 오르게 될 것이다.

의에 주리고 목마른 사람은 복이 있다

넷째, 진리를 추구해야 한다. 진리를 추구하는 것이 '팔복 학습법'의 주요 원칙이다. 의에 주리고 목마른 사람은 진리를 추구하는 사람을 일컫는 말이다. 진리를 추구하려면 진리에 갈급해야 한다. 진리에 목이 말라 혀가 쩍쩍 갈라지고 입술이 하얗게 타들어갈 정도가 되어야 한다. 공부도 이렇게 해야 한다. 공부가 하고 싶어 애를 태운 적이 있는가? 공부가 하고 싶어서 안달이 난 적이 있는가? 그런 적이 없다면 아직 부족한 상태다. 놀고 싶어 애를 태우지 말고 공부하고 싶어 애를 태워야 한다.

"너희가 내 말에 거하면 참으로 내 제자가 되고 진리를 알지니 진리가 너희를 자유롭게 하리라"(요한복음 8:31-32).

진리에 주리고 목말라야 한다. 진리를 찾고 싶어 애를 태우고, 진리를 알고 싶어 안달이 나야 한다. 진리를 찾는 갈급한 마음으로 공부를 하면 복이 있나니 성적이 오르게 된다.

자비한 사람은 복이 있다

다섯째, 가르치며 공부해야 한다. 자비한 사람은 자기가 공부한 것을 혼자 갖지 않고 다른 사람들에게 나누어준다. 모르는 것을 친구한테 묻고 서로 가르쳐주며 공부하는 것과 같은 원리이다.

이렇게 가르치며 공부하는 것을 교학상장(敎學相長)이라고 한다. 교학상장은 『예기(禮記)』에서 유래된 경구이다. 『예기』에 이르길 "배워본 후에 부족함을 알게 되고 가르쳐본 후에 어렵다는 것을 알 수 있다(學然後知不足 敎然後知困). 부족함을 알게 된 후에 스스로 반성할 수 있고(知不足然後能自反也), 어려움을 알게 된 후에 스스로 노력할 수 있다(知困然後能自强也). 그래서 '가르치고 배우면서 서로 성장한다' 고 하는 것이다(故曰 敎學相長也)"라고 하였다.

이것이 바로 '서울대 1999학년도 수시 지필고사(사범대 인문계열)'에 출제되었던 '교학상장'이다. 가르치며 공부하는 교학상장 학습의 좋은 점은 공부를 즐길 수 있다는 점이다. 3~5명의 친구들이 모이면 그 효과는 더욱 강해진다. 논술학습을 예로 들면, 학원에서 첨삭지도를 받는 것보다 친구들끼리 팀을 구성해서 답안지를 서로 강평해 주는 게 훨씬 낫다. 특히 친구의 답안지를 서로 채점해 주는 과정을 통해 최고의 실전력을 기를 수 있다. 강평과 열띤 토론을 하다 보면 구술에도 도움이 되니 일거양득이다. 친구들이 다른 친구에게 강한 자극을 줌으로써 늘 풋풋한 희망과 용기를 유지할 수 있게 되어 공부를 즐길 수 있는 것이다.

최상의 학습법은 다른 사람을 가르치며 공부하는 것이다. 다른 사람을 가르치는 과정을 통해서 보다 많은 것을 배울 수 있다. 정확히 알아야만 다른 사람을 가르칠 수 있으므로, 가르치며 공부하면 성적이 오르게 된다.

마음이 깨끗한 사람은 복이 있다

여섯째, 집중해서 공부해야 한다. 술과 담배, TV와 게임으로 몸과 마음을 어지럽히면 공부가 제대로 될 리가 없다. 또한 혈기 왕성한 청소년기에는 이성을 향한 애욕으로 마음을 흐트러뜨릴 수도 있다. 책을 보는데 자꾸 이성이 생각난다면 공부가 제대로 될 리가 없다. 술과 담배는 입에 대지도 말고, TV와 게임을 멀리 하고, 건전한 이성 교제를 통해 단련의 시기를 함께 개척해 나갈 수 있는 힘을 서로 주는 생활을 해야 한다.

교회를 통한 신앙생활은 몸과 마음을 깨끗이 하는 데 도움을 줄 수 있다. 교회에서는 술과 담배를 금할 것을 권하고 있다. 통계청이 발표한 '2005 청소년통계' 자료에 의하면 청소년(초중고 학생)의 25.4%가 월 1회 술을 마시고, '2006 청소년 통계' 자료에 의하면 고등학교 2학년 남학생의 22.1%가 담배를 피우고 있는 것으로 나타났다. 청소년 네 명 중에서 한 명은 월 1회 음주를 하고, 고등학교 2학년 남학생의 다섯 명 중에 한 명은 매일 담배를 피우고 있는 것이다.

술과 담배에 대한 이야기는 이 책에 적절하지 않은 내용 같아 보이지만, 술과 담배의 해악에 빠져 있는 청소년들이 결코 적지 않기 때문에 굳이 술과 담배를 끊으라는 말씀을 드리는 것이다.

경건한 신앙생활을 유지하기 위해서는 담배는 피하고 술은 안 마시는 것이 낫다. 공부를 하는 데 있어서도 마찬가지다. 여기서 우리는 술과 담배에 관한 간단한 논증을 전개시킬 수 있다.

"공부를 잘하려면 술과 담배부터 끊어야 한다. ➜ 교회에 다니면

술과 담배를 끊을 수 있다. → 공부를 잘하려면 교회에 다녀야 한다."

물론 교회에 다니는 크리스천 중에도 술과 담배를 끊지 못한 사람들이 있다. 그들 중 일부는 성경 어디에 금주와 금연을 명하는 말이 나와 있느냐고 항변한다. 물론 성경에는 마약의 일종인 엑스터시를 복용하지 말라는 말은 나와 있지 않다. 그렇다고 성경에 나와 있지 않기 때문에 엑스터시라는 마약을 복용해도 괜찮은가?

술과 담배라는 세속적인 쾌락을 탐닉하는 크리스천이 성스러움을 논할 수는 없다. '적당히 즐기면 된다'는 것조차도 술의 본질을 호도하는 것이다. 한 잔을 마시건 두 잔을 마시건 정도의 차이는 있을지언정 취하는 건 마찬가지다. 술에 취해 몽롱한 정신으로 어찌 종교적 경건성과 거룩함을 유지할 수 있겠는가?

혹시라도 필자와 의견을 달리하는 독자가 있다면, 창세기 19장 30절부터 35절을 되풀이해서 읽어 보기 바란다. 술에 취한 아버지가 두 딸과 동침하는 장면이 나오는가 안 나오는가. 그리고 잠언을 되풀이해서 읽어보기 바란다. 술에 대한 해악이 나오는가 안 나오는가.

만약 성도들에게 술과 담배의 해악을 일깨우며 금주와 금연을 장려하기는커녕 그 해악을 간과하여 가볍게 넘기거나 공공연히 함께 나누는 사람이 있다면, 그를 어찌 하나님의 말씀을 따르는 '믿음의 자녀'라고 할 수 있으며, 그 종교를 어찌 그리스도의 말씀을 따르는 기독교라고 할 수 있겠는가.

술과 담배를 아직 끊지 못한 크리스천이 있다면, 하나님께 간절히 기도드리자. 만약 기도를 드려도 끊을 수 없다면, 그 기도가 간절하지 않았기 때문이다. 간절히 기도하면 끊을 수 있다! 크리스천이라면 술에 취하지 말고 성령에 취해야 하며, 담배에 의지하지 말고 기도에 의지해야 한다.

또한 교회에서는 세속적인 문화를 멀리하고 진리를 탐구할 것을 권하고 있으며 건전한 이성교제의 장을 제공하고 있다. 물론 여기에서의 건전성이란 서로 좋은 영향을 줄 수 있는 밝은 빛으로서의 나눔을 의미한다. 창피하고 떳떳하지 못하고 무언가 숨기고 싶은 이성교제는 빛이 아니라 어둠이요, 어둠의 영향을 받는 병든 교제에 해당된다. 암흑 속에서 책을 볼 수 있는가? 어둠에 빠지면 공부가 되지 않는 이유가 바로 거기에 있다. 밝은 빛 속에서 몸과 마음을 깨끗이 하며 공부하면 성적이 오른다.

평화를 이루는 사람은 복이 있다

일곱째, 평화롭게 공부해야 한다. 성격이 너그럽지 못하고 주위 사람들을 볶아대며 공부하는 사람들이 있다. 그가 고3 수험생이라도 되면 온 가족이 숨을 죽여야 한다. 즐거워야 할 가정이 초상집 분위기가 된다. 심지어는 멀쩡한 집을 팔아서 수험생이 된 자녀의 과외비로 날리는 사람도 있다. 이렇게 숨도 제대로 쉴 수 없는 무거운 분위기에서 과연 공부가 제대로 되겠는가.

일단은 수험생 자신이 너그러워져야 한다. 고3 수험생이라는 신분은 누구나 다 겪으며 일생에 한번은 반드시 거쳐 가야 할 연단의 시기일 뿐, 가족들을 괴롭히라고 주어진 기간이 아니다. 공부를 한다는 이유로 가족들을 들들 볶거나 괴롭히지 말고, 너그러운 마음으로 즐겁게 공부하자.

너그럽게 공부하기 위해서는 우선 잠을 잘 자야 한다. 잠을 잘 자야 건강해지고, 몸이 건강해야 마음이 너그러워진다. 제일 어리석은 일은 잠을 줄여가며 공부하는 것이다. 잠이 부족한 상태에서 10시간 공부하는 것보다는 잠을 푹 자고 일어나서 맑은 정신에 두세 시간 공부하는 것이 더 낫다. 또한 일찍 자고 일찍 일어나야 한다. 늦게 자고 늦게 일어나는 것은 건강에도 좋지 않다. 아침 9시부터 오후 5시까지를 하루 중에서 머리가 제일 맑고 최상의 컨디션이 되도록 조절해야 한다. 대부분의 시험이 아침 9시경부터 오후 5시 사이에 치러지기 때문이다. 아침부터 존다거나 점심만 먹고 나면 잠이 쏟아진다면 시험장에서 바이오리듬에 문제가 생긴다. 컨디션이 최상인 시간대를 잘 조절해야 한다. 이건 기본이다.

잠을 잘 다스려야 한다는 기본을 준수해야 평화가 찾아온다. 평화를 이루며 너그러운 마음으로 공부하면, 성적이 오르게 된다.

 의를 위하여 박해를 받은 사람은 복이 있다

여덟째, 어려운 여건을 이겨내며 진리를 추구해야 한다. 네 번째 복이 또 한번 강조되고 있다. 진리를 추구하기란 그만큼 어려운 것이요, 멀고도 험난한 길을 헤쳐 나가며 추구하는 진리의 길은 그만큼 값진 것이다.

공부를 하는 사람은 공부에만 신경을 써야 하는데, 무슨 조화인지 세상은 공부하는 사람을 가만히 내버려두지를 않는다. 온갖 유혹과 박해가 가해지는 것이다.

그런데 이 박해는 타인으로부터의 박해가 아니라 자기 스스로의 박해인 경우가 더 많다. 인내와 절제를 하는 데 실패함으로써 스스로를 공부에서 멀어지게 박해를 가하는 것이다.

"그리스도 예수의 사람들은 육체와 함께 그 정욕과 탐심을 십자가에 못 박았느니라"(갈라디아서 5:24)고 하셨다. 예수님을 믿는다는 것은 공부에 박해를 가하는 정욕과 탐심을 십자가에 못 박고 진리의 길을 꾸준히 걸어가는 것이다.

또한 "영혼 없는 몸이 죽은 것 같이 행함이 없는 믿음은 죽은 것이니라"(야고보서 2:26)고 하셨다. 진리를 행하며 진리의 길을 꾸준히 걸어가면 성적이 반드시 오르게 된다.

'착한 사마리아 사람' 이야기와 '여덟 가지 복'을 한마디로 압축 하면 '최선을 다하자'이다. '착한 사마리아 사람'을 흔히들 '선(善) 한 사마리아 사람'이라고 한다. 최선(最善)을 다한다는 말은 최고의 선을 추구하는 것이다. 단순히 모든 노력을 다한다는 뜻이 아니라, 최고의 선을 추구하려는 노력을 다하는 것이다. 최고의 선을 추구해 야만 최선을 다하는 것이다.

고전을 살펴보면 '최선(最善)'을 나타내는 말은 곧 '지어지선(止 於至善)'의 '지선(至善)'으로 주로 사용되었음을 알 수 있다. 『대학(大 學)』의 첫 부분에 바로 '지선(至善)'이 나온다. 『대학』에 이르길 "대 학의 도는 밝은 덕을 밝힘에 있으며(大學之道 在明明德), 백성을 선으 로 이끄는 데 있으며(在親民), 지극한 선에 처신함에 있다(在止於至 善)"고 하였는데, 여기서의 지선(至善)이란 최고의 선을 말하는 것이 며, 지선에 머문다는 말은 곧 최고의 선의 경지에 몸과 마음을 두어 이를 굳건히 지킨다는 의미이다. '최선을 다한다'는 말은 바로 그런 뜻이다. 자신의 목표를 이루기 위해 열성을 다하되, 그 목표가 최고의 선을 추구하고 있을 때에야 비로소 최선을 다하는 게 되는 것이다. 기독교의 가치가 동양고전의 가치에서도 그대로 드러나고 있다. 이것을 인류의 보편적 가치라고 한다. '서울대 법과대학 구술면접 논제'는 이러한 가치를 묻는 문제였다.

크리스천 청소년들의 특권

크리스천이었던 시인 윤동주는 죽는 날까지 하늘을 우러러 한 점 부끄럼이 없기를 갈망했으며, 잎새에 이는 바람에도 괴로워했으며, 별을 노래하는 마음으로 모든 죽어가는 것들을 사랑하고자 열망했다. "밤이면 밤마다 나의 거울을 손바닥으로 발바닥으로 닦아 보는" 윤동주의 '참회록'은 더욱 치열하다.

아름다운 시를 남기고 떠난 시인 윤동주가 자신의 죄를 고백했듯이 우리가 죄인임을 고백하고 예수님을 내 마음의 구주와 주님으로 맞이한다면 거듭 태어나게 될 것이다. 예수님을 맞이하는 영접기도를 드리는 그 순간, 성령님이 우리 안에 들어오신다. 이제부터는 성령 하나님이 나와 동행하며 나를 지켜 주시는 것이다. 예수님을 믿음으로써 우리는 세 가지 특권을 누릴 수 있게 된다.

첫째, 성령 하나님의 보호와 인도를 받을 수 있는 특권이 주어진다. 성령 하나님은 우리와 늘 함께 하시며 우리가 아홉 가지 열매를 맺을 수 있게 도와주신다.

예수님을 믿고 따르는 믿음의 제자가 되어 '팔복 학습법'으로 공부를 꾸준히 하면, 공부의 아홉 가지 열매를 맺을 수 있게 되는 것이다. 이를 '성령의 아홉 가지 열매'라고 하는데, 성경에 그 말씀이 나와 있다.

오직 성령의 열매는 사랑과 희락과 화평과 오래 참음과 자비와 양선과 충성과 온유와 절제니 이같은 것을 금지할 법이 없느니라.

(갈라디아서 5:22~23)

팔복 학습법으로 맺을 수 있는 공부의 아홉 가지 열매는 사랑(love), 희락(joy), 화평(peace), 오래 참음(patience), 자비(kindness), 양선(goodness), 충성(faithfulness), 온유(gentleness), 절제(self-control)의 아홉 가지 열매이다. 성령 하나님의 보호와 인도 속에 공부를 하면, 아홉 가지 열매를 맺기 위한 꽃이 활짝 피고 성적은 쑥쑥 오르게 된다.

이 아홉 가지 열매를 맺었을 때 비로소 예수님의 진정한 제자가 되었다고 할 수 있을 것이다. 우리가 공부를 열심히 해야 하는 이유는 바로 이 아홉 가지 공부의 열매를 맺기 위해서다. 원하는 대학에 가서 원하는 직업을 갖는 것도 현실적인 이유이지만, 공부의 궁극적인 목적은 예수님의 제자가 되어 공부의 아홉 가지 열매로 가득한 하나님의 멋진 자녀로 살아가는 것이다.

둘째, 성자 하나님께 자신의 죄를 떠맡길 수 있는 특권이 주어진다. 신학에서는 이를 '죄의 전가(Imputation)'라고 한다. 성경에는 세 가지의 전가가 나온다. 아담의 죄가 모든 인류에게 전가되었으며, 믿는 자들의 죄는 모두 예수님께 전가되었고, 그리스도의 완전한 의로움은 신자들에게 전가되었다. 예수님을 믿게 되면 우리의 모든 죄가 예수님께 전가되는 것이다. 죄인으로 공부할 것인가, 죄사함을 받은 의로움으로 공부할 것인가. 죄사함을 받은 밝고 의로운 마음으로 공부하면, 성적은 오르게 된다.

또한 성자 하나님의 이름으로 기도를 드릴 수 있는 특권이 주어진다. 성자 하나님이신 예수님께 간절히 기도드리면 예수님께서 그 기도를 성부 하나님께 전해 주신다. 놀랍지 않은가. 나의 기도를 예수님의 이름으로 하나님께 드릴 수 있다니 말이다. 공부를 잘하게 해달라고 매일 기도하라. 열심히 공부할 수 있게 해달라고 종일 기도하라. 기도하며 공부하라. 성자 하나님께 기도드리며 공부하면, 성적은 오르게 된다. 그리고 성자 하나님의 이름으로 악마를 쫓는 특권이 주어진다. 악마가 유혹하면, "주 예수의 이름으로 물러가라!"
고 하면 된다. 그러면 악마가 꼼짝 못하고 물러간다. 주 예수의 이름
으로 악마의 유혹을 몰아내며 공부하면, 성적은 오르게 된다.

셋째, 성부 하나님의 자녀가 되는 특권이 주어진다. 이 특권이 주
어지는 순간, 아들 혹은 딸이 아빠에게 투정을 부리듯 성부 하나님
께 투정을 부려도 되고 재롱잔치를 벌여도 된다. 예수님이 전해주시
는 우리의 기도를 들으신 성부 하나님께서는 성령 하나님을 통해서
우리에게 천사를 보내주시어 우리를 지켜주시고 이끌어 주신다.

감사하는 마음으로 하나님의 영광을 드러내기 위해 더욱 열심히
공부해야 한다. 성부 하나님의 영광을 드러내기 위해 공부하면, 성
적은 쑥쑥 오르게 된다.

대입수능 2007학년도 언어영역 시험에 김유정(1908~1937)의 소설 『만무방』이 출제되었다. 강원도 산골의 토속적인 정서를 잘 묘사한 이 소설의 백미는 바로 언어영역의 지문으로 출제되었던 내용에 있다. 누군가 논에 있는 벼를 훔쳐갔기에 밤에 잠복했다가 벼 도둑을 잡고 보니 그 논에서 농사일을 했던 사람이었다는 대목이다.

『만무방』에서의 '벼농사'를 공부에 비유해 볼 수 있다. 논을 갈아서 모를 심고 김을 매어 추수하는 벼농사의 과정이 공부의 그것과 똑같기 때문이다.

논을 갈고 거름을 주는 농사의 1단계 행위인 척박한 땅을 비옥하게 만드는 것은 먼저 몸과 마음을 동시에 움직여야만 할 수 있다. 농사의 제1단계가 곧 공부의 제1단계가 된다. 농사를 잘 짓기 위해서는 논과 밭을 잘 갈아야 하듯이 공부를 잘하기 위해서는 먼저 '마음의 밭'을 잘 일구어야 한다. 마음의 밭을 잘 갈고 거름을 주는 것을 신학에서는 '토양작업'이라고 하는데, 농사의 토양작업과 다를 바 없다.

마음 밭의 중요성에 대해서는 누가복음 8장에 다음과 같이 나온다.

5 씨를 뿌리는 자가 그 씨를 뿌리러 나가서 뿌릴새 더러는 길 가에 떨어지매 밟히며 공중의 새들이 먹어버렸고 6 더러는 바위 위에 떨어지매 싹이 났다가 습기가 없으므로 말랐고 7 더러는 가시떨기 속에 떨어지매 가시가 함께 자라서 기운을 막았고 8 더러는 좋은 땅에 떨어지매 나서 백 배의 결실을 하였느니라 이 말씀을 하시고 외치시되 들을 귀 있는 자는 들을지어다

다 같이 학교에 다니며 공부를 하는데 누구는 공부를 잘하고 누구는 공부를 못하는 이유가 바로 여기에 있다. 성경의 말씀과 믿음생활의 원리를 국어, 영어, 수학, 사회, 과학 등의 실전학습에서 어떻게 적용시킬 수 있는지, 구체적으로 살펴보자.

2부

실전편
과목별 학습법

내가 주는 물을 마시는 자는 영원히 목마르지 아니하리니
내가 주는 물은 그 속에서 영생하도록 솟아나는 샘물이 되리라.
(요한복음 4:14)

1 국어 학습법
– 성경을 매일 읽으세요

땅을 돌보사 물을 대어 심히 윤택하게 하시며
하나님의 강에 물이 가득하게 하시고
이같이 땅을 예비하신 후에 그들에게 곡식을 주시나이다
주께서 밭고랑에 물을 넉넉히 대사 그 이랑을 평평하게 하시며
또 단비로 부드럽게 하시고 그 싹에 복을 주시나이다.

(시편 65:9-10)

'할렐루야 예수'의 추억

수능 언어영역에 출제되었던 『만무방』을 조금 더 살펴보자.

김유정의 소설 『만무방』은 2007학년도에 출제되었고, 『동백꽃』은 이보다 앞선 2000학년도 언어영역에 출제되었다. 때문에 김유정의 소설보다 국어 학습법을 소개하는 데 이보다 더 적절한 예는 없을 것이다. 1994학년도 제1차 수능시험에서부터 지금까지 두 번 이상 출제된 소설가는 오로지 김유정뿐이기도 하지만, 국어 학습의 궁극적인 목적은 내신과 수능에서 최고의 점수를 받고, 대학별 논술고사의 확고한 발판을 마련하는 데 있기 때문이다.

수능에서는 출제되지 않은 『만무방』의 다른 부분을 살펴보면, 구성진 아리랑이 흘러나오고 있다.

아리랑 아리랑 아리라요

아리랑 띄여라 노다 가세

증긔차는 가자고 윈 고동 트는데

정든님 품안고 낙누낙누

아리랑 아리랑 아라리요

아리랑 띄여라 노다 가세

낼 갈지 모래 갈지 내 모르는데

옥씨기 강낭이는 심어 뭐하리

아리랑 아리랑 아라리요

아리랑 띄여라…….

필자가 처음으로 교회에 다니기 시작한 지 일주일째 되던 날의 일이다. 교회에서 예배를 드리고 돌아와 집 근처로 바람을 쐬러나갔는데 마침 그날이 정월대보름이었다. 농악대가 시장의 가게마다 돌아다니며 구성지게 사물놀이를 울리고 있었다. 꽹과리, 징, 북, 장구 소리가 얼마나 구슬프게 들렸는지 모른다.

'교회를 다니게 되었으니 이제 사물놀이와 멀어지겠구나……. 한국의 전통적인 민속문화와도 많은 거리를 두게 되겠지.'

불현듯 그런 생각이 떠오르자, 가슴이 콱 막혀오는 듯했다. 그날은 교회를 나간 지 일주일 만에 예수님을 내 마음의 구주로 받아들이며 영접기도를 한 날이었다. 그래서인지 교회를 중심으로 한 기독교 문화와 우리의 전통문화 사이에 상당한 거리가 있다는 아쉬운 생각이 든 것이다. 예수님을 내 마음의 구주로 받아들였음에도 불구하고……. 그러한 서글픔은 그해 4월 부활절이 되어서야 말끔하게 해소가 되었다. 오후에 있었던 부활절 기념 청년예배에서 '할렐루야 예수' 라는 복음성가를 듣게 되었는데, 그 멜로디가 흥겨운 사물놀이 가락이었다. 그 복음성가로 오랫동안의 슬픔은 사라지고 나의 마음 속에서 한국의 민속문화는 다시 살아났다.

'아, 우리의 사물놀이로도 예수님의 복음을 얼마든지 전할 수 있구나!'

왜 이스라엘 백성의 신을 믿어야 하는가

한국의 정서에 대한 고민은 그렇게 해결되었지만, 몇 개월이 지나도록 풀지 못한 문제가 하나 있었다.

'엄연한 한국인인 우리가 왜 이스라엘 백성의 신을 믿어야 하고 이스라엘 백성의 이야기를 따라야 하는가?' 라는 의문이었다.

교회에 다니기 시작한 직후 어느 교역자에게 물어보았더니, "때가 되면 나중에 자연히 알게 된다"고 대답했다.

'물어본 내가 잘못이지……'

그 교역자의 답변이 무성의하게 느껴져 질문한 걸 후회했다. 그런데 얼마 후에 놀라운 일이 벌어졌다. "때가 되면 나중에 자연히 알게 된다"는 그의 답변대로, 성경에 손때가 묻어가던 어느 날 자연히 알게 되었다.

"때가 되면 나중에 자연히 알게 된다"는 답변은 그 당시로서는 흡족하지 못한 대답이었지만, 지금 다시 생각해 보면 상당히 현명한 대답이었다. 교회에 처음 나온 초신자한테 무엇을 설명할 수 있으리. 그 답은 성경에 나와 있었다.

하나님은 이스라엘 백성만의 신이 아니시다. 창세기 11장에 하늘에 닿는 탑을 쌓으려던 사람들이 하나님께 벌을 받는 '바벨탑 사건'이 나온다.

1 온 땅의 언어가 하나요 말이 하나였더라 2 이에 그들이 동방으로 옮기다가 시날 평지를 만나 거기 거류하며 3 서로 말하되 자 벽돌을 만들어 견고히 굽자 하고 이에 벽돌로 돌을 대신하며 역청으로 진흙을 대신하고 4 또 말하되 자 성읍과 탑을 건설하여 그 탑 꼭대기를 하늘에 닿게 하여 우리 이름을 내고 온 지면에 흩어짐

을 면하자 하였더니 5 여호와께서 사람들이 건설하는 그 성읍과 탑을 보려고 내려오셨더라 6 여호와께서 이르시되 이 무리가 한 족속이요 언어도 하나이므로 이같이 시작하였으니 이 후로는 그 하고자 하는 일을 막을 수 없으리로다 7 자, 우리가 내려가서 거기서 그들의 언어를 혼잡하게 하여 그들이 서로 알아듣지 못하게 하자 하시고 8 여호와께서 거기서 그들을 온 지면에 흩으셨으므로 그들이 그 도시를 건설하기를 그쳤더라 9 그러므로 그 이름을 바벨이라 하니 이는 여호와께서 거기서 온 땅의 언어를 혼잡하게 하셨음이니라 여호와께서 거기서 그들을 온 지면에 흩으셨더라

신학에서는 여기까지를 인류의 원역사라고 한다. 그 뒤를 이어 족장시대가 열리며 아브람(아브라함)이 등장하여 이스라엘 백성의 역사가 시작되는 것이다.

이스라엘 백성의 역사가 시작되기 전에 하나님께서 '사람들을 온 땅에 흩으셨다'는 것에 주목해야 한다. 하나님이 이스라엘 백성을 택하신 것은 이스라엘 백성만을 구원하시려 한 게 아니다. 이스라엘 백성을 통해서 인류를 구원하려 하신 것이며, 그들을 통해서 믿음에 대한 축복과 불신앙에 대한 징계를 보이려 하신 것이다. 또한 이스라엘 백성을 통해서 인류를 구원하실 예수 그리스도를 이 땅에 보내실 준비를 하신 것이다.

다시 말해서 하나님께서 이스라엘 백성을 선택하신 것은 사실이다. 그러나 그러한 하나님의 선택은 예수 그리스도가 이 땅에 오심으로써 하나님의 원래 백성, 바벨탑 사건으로 하나님께서 온 땅에 흩으신 이 땅의 모든 백성들에게 확장된다. 마태복음 28장에 그러한 말씀이 나온다. 십자가에 못 박혀 돌아가셨다가 부활하신 예수님이 제자들에게 말씀을 하시는 장면이다.

18 예수께서 나아와 말씀하여 이르시되 하늘과 땅의 모든 권세를 내게 주셨으니 19 그러므로 너희는 가서 모든 민족을 제자로 삼아 아버지와 아들과 성령의 이름으로 세례를 베풀고 20 내가 너희에게 분부한 모든 것을 가르쳐 지키게 하라 볼지어다 내가 세상 끝날까지 너희와 항상 함께 있으리라 하시니라

예수 그리스도의 복음을 통해서 인류를 구원하시겠다는 하나님의 뜻이 확고하게 명시되어 있다. 애초에도 그랬듯이, 하나님은 더 이상 이스라엘 백성만의 하나님이 아닌 것이다.

유대인들이 예수님을 그리스도로 받아들이기 힘든 것은 어쩌면 당연한 일일 수도 있다. 예수님을 그리스도로 받아들이는 순간 하나님께 선택된 민족, 선민(選民)으로서의 이스라엘 백성의 지위가 사라져 버리기 때문이다.

예수님에 대한 유대인들의 믿음이 마태복음 8장에 명시되어 있다. 가버나움에서 백부장 신분의 유대인이 중풍병에 걸린 하인을 치료해 줄 것을 간구하자 예수님께서 하신 말씀이다.

10 예수께서 들으시고 놀랍게 여겨 따르는 자들에게 이르시되 내가 진실로 너희에게 이르노니 이스라엘 중 아무에게서도 이만한 믿음을 보지 못하였노라 11 또 너희에게 이르노니 동서로부터 많은 사람이 이르러 아브라함과 이삭과 야곱과 함께 천국에 앉으려니와 12 그 나라의 본 자손들은 바깥 어두운 데 쫓겨나 거기서 울며 이를 갈게 되리라

이스라엘 백성은 더 이상 선민이 아닌 것이다. 더 이상의 민족적 경계선은 존재하지 않는다. 아니, 엄밀히 말하자면 이스라엘 백성을 통해서 예수 그리스도를 이 땅에 보내시어 인류를 구원하려 하신 것이지, 이스라엘 백성만을 구원의 대상으로 삼으신 민족적 경계선조차도 존재하지 않았다. 따라서 한국인으로 태어난 우리가 예수님을 믿고 교회에 다니는 것은 민족적 자긍심을 저버리는 행위가 전혀 아니다.

"왜 우리가 이스라엘 백성의 이야기를 따라야 하는가?"도 쉽게 해결된다. 성경은 이스라엘 백성의 이야기가 아니라 하나님의 말씀

이기 때문이다. 성경이 이스라엘 민족의 역사서라면 받아들이기 힘들지만, 하나님의 말씀으로 생각한다면 민족적 구분을 떠나서 얼마든지 받아들일 수 있다. 성경 전체를 관통하는 논리적 전개를 파악해 보더라도 우리가 성경 말씀을 믿고 따른 것은 절대로 이스라엘 백성의 이야기를 믿고 따르는 게 아니다. 에베소서 1장 4절과 5절에 그 근거가 명시되어 있다.

"곧 창세 전에 그리스도 안에서 우리를 택하사 우리로 사랑 안에서 그 앞에 거룩하고 흠이 없게 하시려고 그 기쁘신 뜻대로 우리를 예정하사 예수 그리스도로 말미암아 자기의 아들들이 되게 하셨으니."

하나님이 아브라함을 통해 이스라엘 백성을 선택하시기 전에, 우리는 이미 하나님의 선택을 받고 있었다. 그런 우리가 성경 말씀을 믿고 따르는 것은 당연한 일이다.

성경읽기는 국어 학습의 근원이다

성경은 인류의 보편적인 가치와 믿음을 담은 책이다. 물론 성경을 읽는 것보다 국어 교과서나 참고서를 한번 더 읽는 게 성적 관리에 좋을 수 있다. 특히 학교에서의 내신 관리에 있어서 교과서나 참고서를 제쳐두고 성경만 열심히 읽으면 된다는 애기는 절대 아니다. 문제는, 교과서와 참고서만 열심히 읽는다 해서 국어나 언어영역 점수가 높게 나오지는 않는다는 사실이다. 어느 정도까지는 오르겠지만, 분명한 한계가 있다. 시험문제가 교과서와 참고서에서만 나오는 건 아니기 때문이다.

그때 필요한 게 바로 성경이다. 1부에서 살펴보았듯이, 성경은 논술학습의 최고 필독서로 꼽을 수 있을 정도로 중요한 필독서일 뿐만 아니라, 성경읽기는 국어학습의 근간을 이루고 있는 '독해력 증진'에 상당한 도움이 된다. 교회에 다니는 할머니가 성경을 읽고 싶어서 한글을 배우기 시작했다는 이야기가 있다. 평생 동안 한글을 모른 채 살아오시던 분들이 성경 말씀의 감동에 이끌리어 한글을 배우고자 하는 동기유발을 할 수 있다는 것이 바로 국어 학습의 출발점이다.

한글뿐만이 아니다. 한자어가 많이 섞여 있어 가히 성경체라고 일컬을 만한 '개역한글' 번역본은 한자 한습의 보고가 되며, '개역개정'은 적당히 섞여 있는 한자가 한문 공부에 도움이 된다. 신앙생활을 하며 성경을 열심히 읽으면 국어 공부에 필요한 듣기, 읽기, 말하기, 쓰기가 저절로 해결된다. 신앙생활을 한다는 것 자체가 국어의 듣기, 읽기, 말하기, 쓰기의 연속이다.

▶ 듣기 : 교회생활은 '듣기'의 생활이다. 기독교의 본질은 하나님 말씀을 경청하고 따르는 것이다. 목사님의 설교 말씀을 듣고, 성경 교사의 가르침을 듣는 생활 속에서, 그 무엇보다도 하나님의 말씀을 경청할 수 있는 사람이 어찌 시험문제에 나오는 '듣기' 문제를 풀지 못할까. 국어의 '듣기'는 저절로 해결된다.

▶ 읽기 : 교회생활은 '읽기'의 생활이다. 성경을 열심히 읽고, 추천 도서를 읽는 생활 속에서, 그 무엇보다도 기독교의 본질은 하나님 말씀을 읽고 따르는 것이다. 하나님이 말씀을 독해할 수 있는 사람이 어찌 인간의 시험문제에 나오는 '읽기' 문제를 풀지 못할까. 국어의 '읽기'는 저절로 해결된다.

▶ 말하기 : 교회생활은 '말하기'의 생활이다. 성경 말씀에 대해 토론하고 자신의 삶 속에 적용시키는 생활 속에서, 그 무엇보다도 기독교의 본질은 예수님의 복음을 전파하는 것이다. 비신자들의 불신앙의 장벽을 뚫고 예수님의 복음을 전파하는 사람이 인간의 시험문제에 나오는 '말하기' 문제를 풀지 못할까. 국어의 '말하기'는 저절로 해결된다.

▶ 쓰기 : 교회생활은 '쓰기'의 생활이다. 교회는 일종의 '글쓰기

훈련장’이다. 자신의 신앙생활을 글로 나타내는 소감문을 작성해서
제출해야 하며, 한 강좌를 교육받고 나면 그 강의에 대한 소감문을
작성해서 제출해야 한다. 그 무엇보다도 기독교의 본질은 글을 통해
서 하나님의 영광을 드러내는 것이다. 하나님의 영광을 글로 나타낼
수 있는 사람이 인간의 시험문제에 나오는 ‘쓰기’ 문제를 풀지 못할
까. 국어의 ‘쓰기’는 저절로 해결된다.

국어 능력은 하나님의 말씀에 달려 있다

하나님의 말씀을 듣고 읽고 말하고 쓸 줄 아는 학생이 그렇지 못
한 학생에 비해서 국어를 더 잘할 수 있는 가능성이 높다. 우리가 읽
고 있는 성경은 한글로 쓰여져 있어 국어를 잘하지 못한다면 하나님
의 말씀을 잘 듣고, 잘 읽고, 잘 말하고, 잘 쓸 수 없기 때문이다.

이러한 국어 능력은 논술시험에서 우수한 성적을 올릴 수 있는 실
전력과도 직결된다. 먼저 ‘서울대 2007년도 논술고사’ 문제를 하나
살펴보자.

논제 제시문 (가)와 제시문 (나)는 김부식(金富軾)의 『삼국사기(三國史記)』에 실려 있는 글이다. 『삼국사기』를 다시 편찬한다고 가정하고, 제시문 (가)의 사실에 대해서 제시문 (나)와 같은 성격의 글을 작성하라. (단, 아래의 조건을 만족시킬 것)

▸ 호동과 김부식은 같은 문제에 대해 서로 다른 답을 제시하고 있다. 어떠한 가치들이 갈등하는 문제인지 딜레마의 형태로 그 문제를 정의하라.

▸ 호동의 대응과 김부식의 논평에 드러난 양자의 가치관과 가치 실현 방법을 비교 분석하라.

▸ 제시문 (나)에 대한 평가를 포함하라.

이 문제만 놓고 보면, 성경보다는 『삼국사기』나 『삼국유사』 등의 우리나라 역사서를 더 많이 읽는 것이 원하는 대학에 진학하는 데 도움이 될 것이다. 특히 『삼국유사』는 우리의 문화적 향취를 가득 담고 있으며 재미있는 이야기를 수록하고 있어서, 청소년들의 필독서로 꼽을 수 있는 고전이다.

『삼국사기』나 『삼국유사』를 읽지 말라는 게 아니라, 성경을 기본 텍스트로 삼아서 그 토대 위에서 다른 텍스트들을 하나하나 쌓아 올려가라는 것이다.

성경에는 『삼국사기』나 『삼국유사』가 갖고 있지 못한 것이 있다.

첫째, 성경은 하나님 말씀이 기록되어 있는 종교의 성서인 반면에 『삼국사기』나 『삼국유사』에는 하나님의 숨결과 흔적은 있으되 하나님 말씀으로 받아들이지는 않는다. 이런 차이 때문에 『삼국사기』나 『삼국유사』를 우리의 몸과 마음을 다스리고 이끌어갈 수 있는 '바이블'로 삼을 수는 없다.

둘째, 성경의 말씀은 인류의 보편적 가치로 확대 재생산되고 있는 반면에, 『삼국사기』나 『삼국유사』의 가치는 한국에서 머물고 있다. 현실이 그렇다. 감정에 얽매이지 말고 현실을 냉정하게 직시해야 한다. 우리의 교육제도가 예전의 서당교육에 아직 머물러 있다면 『삼국사기』나 『삼국유사』를 읽고 『사서삼경』을 파고들어야 하겠지만, 오늘날 우리의 교육제도는 서양의 제도를 따르고 있으며 가르치는 내용조차도 서구의 가치를 그대로 전승해서 가르치고 있다. 이러한 현상은 위로 올라갈수록 점점 더 심해져, 대학과 대학원 과정은 가히 '서양학문 전공의 한국어 과정'이라고 할 수 있다. 이러한 과정을 이수할 만한 능력이 있는가를 테스트하는 게 바로 대입수능시험이며 논술시험이다.

성경을 읽지 않은 상태에서 학교 교육을 받는다는 것은 모래밭에 농사를 짓는 것과 다름없는 것이다.

　성경으로 토양작업을 해놓으면, 다른 텍스트들은 저절로 빨려들어 온다. 서울대 2007학년도 논술고사에 소개된 '호동왕자' 이야기를 읽다 보면, 성경의 이야기와 몇 가지 겹쳐지는 것을 알 수 있다.

　최리의 딸이 고구려가 낙랑을 기습하는 것을 도왔다는 『삼국사기』의 대목에서는, 구약성서의 여호수아 2장에 나오는 여호수아의 정탐꾼들이 여리고성을 정탐하는 것을 도운 라합의 이야기가 떠오른다. 왕위계승의 참수에 휘말려 호동왕자가 스스로 자결하는 장면에서는 구약의 장자권 이야기와 왕권쟁탈 싸움이 떠오른다.

　구약에서 가장 유명한 장자권 이야기는 창세기 25장과 27장에 나온다. 동생 야곱은 떡과 팥죽으로 형 에서를 현혹해서 장자권을 빼앗고, 아버지 이삭을 속여서 장자의 축복을 받는다. 그 당시의 장자는 아버지의 권력과 재산을 고스란히 물려받는 것이었기에 야곱이 유혹과 기만으로 에서의 타고난 복을 빼앗은 게 된다. 그 과정이야 어찌되었건 야곱은 이스라엘 민족의 정통계보를 잇는 적자가 된 것이다.

　구약에 나오는 유명한 왕권쟁탈은 다윗에서 솔로몬으로 왕권이 넘어가면서 벌어진다. 솔로몬은 지혜로운 왕이었지만 왕권을 이어받고 그 권력을 유지하는 데 있어서는 차갑고 혹독했다. 논술고사에 나오는 『삼국사기』의 지문과 반대되는 상황이 벌어진다. 『삼국사기』에서는 원비(元妃)가 호동왕자를 왕에게 참소해 죽음에 이르게 만들지만, 구약의 열왕기상 1장과 2장을 보면, 왕위의 정당한 계승자인 학깃의 아들 아도니야를 밧세바의 소생인 솔로몬이 살해하고 제사장 아비아달을 추방해 버린다.

성경을 숙지하고 있는 수험생에게는 『삼국사기』의 이야기가 걸러지는 것 없이 그대로 빨려들어 오는 것이다. 게다가 서울대의 이 논제는 처음 출제되는 문제도 아니다.

'건국대 2003학년도 논술고사'에 출제되었던 『여씨춘추』의 이야기와 유사하다. 상황은 다르지만 효도의 실천에 있어서의 딜레마와 아들이 스스로 목숨을 끊는다는 내용은 참으로 비슷하다.

에우티프론 딜레마

이러한 윤리적 딜레마는 '경희대 2003학년도 수시 2학기 논술고사'에서도 출제된 적이 있다. 이 모든 기출문제가 묻는 방법과 지문만 다를 뿐 결국은 대동소이한 문제인 것이다.

『삼국사기』, 『여씨춘추』, 『에우티프론』, 『논어』에 나오는 이 네 가지 이야기는 모두 윤리적 딜레마를 담고 있다. 기독교윤리학이라는 학문의 갈래도 존재하듯이 성경이 담고 있는 각종 윤리적 상황의 넓고도 광대함은 대입 논술고사 논제를 풀어나갈 수 있는 든든한 기초를 제공하고 있다. 경희대 논술고사에 출제된 '에우티프론' 이야기가 바로 각종 윤리학 교재에 단골로 등장하는 '에우티프론 딜레마'이며, 신학에서는 이를 '도덕과 종교'라는 주제를 풀어나가는 단골메뉴로 인용하고 있다. 그 내용을 잠시 살펴보면 다음과 같다.

경희대 2003학년도 수시 2학기 논술고사 관련 자료

소크라테스는 종교적인 "예언자"로 등장하는 에우티프론과 신에 대한 공경 또는 경건함의 본성에 관한 대화를 주고받는다. 에우티프론은 당시 자신의 아버지를 살인죄로 고소하려고 준비 중이었다. 그의 아버지가 고용된 노동자 한 사람을 꽁꽁 묶어 밖으로 던져 버렸는데(왜냐하면 그가 아버지의 노예 한 사람을 죽였다) 날씨가 추워서 그 노동자는 곧 죽어 버리고 말았던 것이다. 자신의 아버지를 고소하면서 에우티프론은 자신이 경건한 행위를 했다고 생각하는데 소크라테스는 그가 왜 그렇게 생각하는지를—특히 당시의 도덕에 비추어 보면 부자 관계의 유대는 무척 중요한 것이어서 에우티프론의 그런 행위는 대다수의 사람들에게 상당한 논란의 대상이 되는 것임에도 불구하고—알고 싶어한다.

- 로버트 L. 애링턴 지음, 김성호 옮김, 『서양 윤리학사』, 서광사, 21쪽

이런 문제가 대입 논술고사에 출제되고 있다. 거룩함을 추구하는 종교적 행위란 일반인들과는 까마득히 머나먼, 완전히 동떨어진 세계 속의 일로 여겨진다. 하지만 이러한 주제가 대입 시험에 출제되고 있으니, 실은 우리의 삶 속 깊숙이 들어와 있는 것이 엄연한 현실이다.

스스로 생각하는 힘을 키워라

성경을 바탕으로 한 신앙생활의 힘은 대입수능 언어영역에서도 확연히 나타난다.

'국어 학습법'의 서두에서 다루었던 김유정의 소설 『만무방』으로 다시 돌아가 보자. 『만무방』이 지문으로 출제되었던 15번에서 19번까지 이어지는 문항 중에서 배점이 높은 17번 문항을 직접 풀어보면 다음과 같다.

수능 2007학년도 언어영역 17번 문항

'응칠'의 행동을 〈보기〉와 같이 정리하였다. 〈보기〉를 토대로 위 글을 감상한 내용으로 적절하지 않은 것은? [3점]

<보기>

ㄱ. 응칠이는 먼 곳에서 동생을 찾아온다.

ㄴ. 응칠이는 담판을 지으려고 지주를 만난다.

ㄷ. 응칠이는 지주의 뺨을 때린다.

ㄹ. 응칠이는 논에 가서 도적을 기다린다.

ㅁ. 응칠이는 도적을 잡기 위해 다짜고짜로 달려든다.

① ㄱ, ㄴ을 통해 동생을 생각하는 응칠이의 마음을 읽을 수 있어.

② ㄱ, ㄹ에서 응칠이가 동생을 찾아온 일이 도적과 관계됨을 알 수 있어.

③ ㄴ, ㄷ, ㅁ을 통해 호락호락하지 않은 응칠이의 성격을 알 수 있어.

④ ㄴ, ㄹ을 통해 문제를 적극적으로 해결하고자 하는 응칠이의 의지를 볼
   수 있어.

⑤ ㄹ, ㅁ은 응칠이가 자신에게 미칠지 모를 혐의를 벗기 위해 한 행위일 수
   있어.

잠시 망설여진다. 이 문제에 무슨 해설이 더 필요할까. 배점 3점
의 문항이라고 해서 난이도가 높을 거라고 생각했다간 큰 오산이다.
지극히 간단한 인과관계에 의하면, 도적을 잡기 전에 응칠이는 그
도적이 자기 동생이라는 것을 모르고 있었다. 그런 응칠이가 먼 곳
에서 동생을 찾아온 것은 도적과 아무런 관계가 없음을 알 수 있다.

따라서 정답은 ②번이다. 『만무방』 지문을 쓰윽 한번 훑어보기만 해도 쉽게 풀 수 있는 문제이다. 그런데도 2007학년도 수능을 채점한 결과, 언어영역이 지난해보다 어렵게 출제돼 표준점수가 올라간 것으로 나타났다고 한다. 조금만 주의를 기울이면 쉽게 풀 수 있는 문제들인데 어렵다고들 하니, 어찌된 조화일까?

이것은 스스로 생각하는 힘이 부족하기 때문이다. 학교수업과 EBS 강의, 학원 강의 등의 '수동적 주입식 학습'에만 주력해서는 백날 공부해봤자 그 점수가 그 점수다. 주어진 틀에서 조금만 벗어나면 아무런 문제도 풀 수 없는 것이다.

응용력은 남이 읽어주는 책을 가만히 앉아서 듣기만 해서는 절대로 키워지지 않는다. 다른 사람의 문제 풀이와 해설을 가만히 앉아서 듣기만 해서는 실력이 절대로 향상되지 않는다는 것이다. 단 한 단락의 지문을 읽더라도 스스로 생각하고, 자기 혼자 힘으로 문제와 맞부딪쳐 싸워야 한다. 국어 학습의 요결이 바로 여기에 있으니, 성경을 읽고 그 내용을 조용히 묵상하는 습관을 가진다면 국어의 독해 능력은 저절로 해결된다.

가장 좋은 국어 학습의 토양작업은 매일 하루에 30분씩 '한국어 성경'을 읽는 것이다. 성경을 읽다 보면, 한글의 자모를 해체해서 자연스럽게 빨아들여 그 내용을 순식간에 독해하는 능력이 향상되는 기적적인 능력을 체험할 수 있을 것이다.

이러한 토양작업을 바탕으로 학교수업의 예습과 복습을 꾸준히 하고 수시로 실전문제를 풀어본다면, 그러고도 틀리는 문제가 나오면 그건 평가원의 정답이 잘못된 것이리라.

2 영어 학습법

– 영어로 예배를 드리세요

하늘을 우러러 탄식하시며 그에게 이르시되 에바다 하시니 이는 열리라는 뜻이라. 그의 귀가 열리고 혀가 맺힌 것이 곧 풀려 말이 분명하여졌더라.

(마가복음 7:34-35)

 어느 영어 박사의 고백

미국에서 학위를 마친 후에 그곳 대학에서 20년 가까이 교편을 잡고 있는 어느 한국인 교수의 고백이다.

"저는 한인교회에서 섬기고 있어요. 그런데 주일엔 종일 한국어를 쓰다가 월요일에 학교에서 회의가 있으면 처음에는 영어를 하느라 헤매게 됩니다. 그러다가 조금 있으면 그런대로 영어로 생활을 할 만하게 되죠. 그런데 영어를 쓰다가 주일에 다시 한인교회에 가서 한국어로 설교를 하려면, 또다시 헤매게 됩니다."

그의 고백에 필자의 두 눈이 동그래졌다.

'정말?'

'리얼리?'

 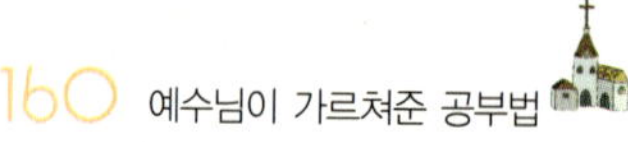

외국인이 그런 얘기를 하면 "Oh! Really?"라며 부족한 영어실력이지만 한마디 멋지게 장단을 맞추겠건만, 점잖은 저녁식사 자리라서 그러지도 못하고 있으려니까, 그가 재빨리 말을 이었다.

"이것이 미국 이주 1세들의 한계인 것 같아요. 한국어와 영어 사이를 자유롭게 오가는 게 쉽지 않은 일입니다. 이주 3세들은 다르겠지만, 한국인 부모를 둔 이주 2세만 해도 제출한 리포트를 보면 네이티브들과 상당히 다르다는 것을 알 수 있어요. 저와 같은 이주 1세는 아무래도 영어를 생각하면서 하게 되고, 그러한 어색함이 이주 2세에게도 남게 되는 것 같습니다. 이주 3세가 되어야 생각하지 않고도 반사적으로 튀어나와 비로소 영어에서 자유로워지는 것이지요."

'끄응!'

나는 소리는 내지 않은 채 속으로 비명을 내질렀다. 영어의 벽은 이렇게 멀고도 험난한 것인가? 나의 암울함을 아는지 모르는지, 그의 얘기는 계속되었다.

"재미교포가 미국에서 태어났는지 한국에서 태어났는지 알아보려면, 뒤에서 머리를 때려보면 안다는 우스갯소리가 있어요. 뒤통수를 한 대 탁 쳤을 때, 한국어와 영어 중에서 튀어나오는 말이 바로 그가 태어난 곳이지요."

재미있는 얘기에 우리는 모두 유쾌하게 웃었지만, 나의 마음 한구석에서는 왠지 모를 비애감이 슬금슬금 피어올라 왔다. 한국에서 태어난 사람이 영어를 잘한다는 게 그렇게도 힘든 것인가. 식사가 거의 끝나갈 무렵, 그에게 질문을 했다.

"성경으로 영어를 공부하는 것도 좋을 것 같은데, 괜찮은 방법인가요?"

"좋은 방법입니다. 처음 시작하는 분들은 요한복음부터 하는 것이 좋습니다. 요한복음을 소리 내어 읽어나가면 독해뿐만 아니라 회화에도 많은 도움이 됩니다."

그날 저녁 나는 영어로 예배를 드려야겠다는 결심을 하고 곧바로 영어예배에 출석하기 시작했다. 다행히도 내가 다니던 교회에는 영어예배부가 따로 있었다. 그날 이후 나는 영어예배를 드리게 되었다.

영어예배를 시작하다

영어로 예배를 드리던 첫날, 나는 설교 말씀을 잘 알아들을 수 없었다. 찬양은 그나마 영상화면으로 가사를 보여 주어서 어느 정도 은혜를 받을 수 있었지만, 설교 말씀은 도통 따라잡을 수 없었다.

난감했다. 게다가 영어예배를 먼저 시작한 성도들의 질문도 부담스러웠다.

"외국에서 살다 오신 모양이죠?"

영어예배를 드리기 시작하면서 제일 많이 받았던 질문이다. 그때마다 나는 고개를 절레절레 흔들며 이렇게 대답한다.

"어휴, 저 영어 잘 못해요. 그냥, 영어공부 하러 왔습니다."

그렇게 처음부터 툭 터놓고 내 영어실력을 선포해 버리면 마음이 편하다. 간혹 외국인과 부딪쳤을 때 조금 더듬거린다고 누구 하나 흉볼 사람은 없기 때문이다.

'아, 저 사람. 저 사람은 원래 영어를 잘 못하는 사람이야. 그러니 헤매는 게 당연하지 뭐'라고 생각하기밖에 더 하겠는가?

혹은 이렇게 생각할 수도 있다.

'정말 끈덕진 사람이군. 영어를 잘 못하면서도 저렇게 끈질기게 버티다니.'

아무럼 어떠랴. 중요한 건 내가 영어를 잘한다면 그냥 주일예배에 출석하지 왜 영어예배를 드리러 왔겠느냐는 것이다. 영어를 못하니까 영어예배를 드리려고 하지! 영어를 엄청 잘하는 사람이 외국으로 어학연수를 떠날 필요가 없는 것과도 같은 이치다.

이렇게 반대로 생각하니 마음이 편했다. 괜히 겉에서 빙빙 맴돌며 몇 번 출석하다가 지레 포기하지 말고, 처음부터 "나 영어 배우러 왔으니, 좀 도와주시오!"라며 공개적으로 선포해 버리는 것이 속 편하다.

보름 정도 지나자, 처음엔 잘 들리지 않던 목사님 설교가 띄엄띄엄 들리기 시작했다. 한 달 정도 지나고 나니 목사님의 표현과 억양에 익숙해져서 전체적인 줄거리가 잘 잡혀오고, 두 달이 지나니 설교 말씀의 전체 흐름이 확 빨려들어 왔다.

놀라운 변화가 일어난 것이다.

"귀가 참 좋으시네요!"

캐나다에서 온 영어예배부의 전도사한테서 한국어로 "귀가 참 좋다"는 칭찬까지 듣고 나니 괜히 기분이 우쭐해졌다.

영어실력이 두 달 만에 확 늘어난 것일까?

그렇지는 않다. 실력이 늘었다기보다는 영어예배에 익숙해졌기 때문인 것 같다. 또한 설교 말씀 중에 많이 나오는 단어에 익숙해졌기 때문이다.

그중 몇 단어를 정리해 보면 다음과 같다.

anoint	기름을 붓다	certify	증명하다, 증언하다
apostle	사도	condemn	정죄하다
atonement	속죄	confess	고백하다
baptize	세례를 베풀다	conversion	회심
bless	축복하다, 찬양하다	convert	회심자, 개종자
calling	소명	covenant	언약

crucify	십자가에 못 박다
declare	선언하다
deliver	해방시키다, 구해내다
descendant	자손
devotion	헌신
disciple	제자
evangelist	전도자
fellowship	교제, 친교
forgive	용서하다
gentile	이방인
glorification	영화
harvest	추수
humble	겸손한
hypocrite	위선자
immortality	영원불멸
intercession	중보기도
justification	칭의(稱義), 의인
minister	사역자, 일꾼
ministry	직무, 사역
mission	선교
missionary	선교사
modesty	겸손
obedience	복종, 순종
offering	제물, 봉헌물
offspring	자손, 후손
persecute	박해하다
perish	멸망하다
pour out	퍼붓다, 쏟아 붓다
praise	찬양, 칭찬, 찬양하다
prayer	기도
preach	전파하다, 설교하다
predict	예언하다
priest	제사장
prophesy	예언하다
prophet	선지자
prosperity	번영
punish	벌하다
ransom	대속, 속죄
rebuke	책망하다
recover	회복하다
redemption	구속, 구원
refuge	피난, 피난처
regeneration	중생
repent	회개하다
rescue	구원하다
response	응답
restoration	회복, 부활
resurrection	부활
reveal	계시하다, 나타내다
righteousness	공의
salvation	구원
sanctification	성화
Savior	구세주
seed	씨앗
shelter	피난처
shepherd	목자
sincerity	진실, 정직
slave	노예, 종
temptation	유혹, 시험
testify	증거하다, 증언하다
testimony	증언, 증거
tithe	십일조, 십일조를 바치다
witness	목격자, 증인
worship	예배, 경배하다

설교 말씀에 많이 등장하는 이런 용어들에 익숙해지다 보니 처음보다 잘 들리는 것이다. 이런 주요 단어들만 잘 들을 줄 알아도 전체 줄거리가 굴비 엮듯 줄줄이 엮여져 빨려들어 온다.

영어예배를 부담스러워 하는 독자들이 있을까 봐 굳이 말씀 드리는 것이다. 영어를 못하는 걸 부끄러워할 필요는 없다. 한국에서 태어난 우리가 영어를 못하는 게 정상이지, 잘하는 게 정상인가? 그러니 부끄러워할 필요는 전혀 없다. 오늘부터 영어 성경을 한 줄 한 줄 정복해 가며 열심히 하면 된다.

영어예배에서 설교를 하시는 목사님들도 우리가 영어에 능통하지 못한 것을 잘 아신다. 그래서 기관총처럼 다다다 굴러가는 캘리포니아 어조 대신에, 우리가 잘 알아들을 수 있게 비교적 천천히 말씀하시니 미리 겁먹을 필요는 없다.

외국인과 맞부딪치는 것도 마찬가지다. 영어회화 학원 한번 다니지 않았던 필자도 이젠 외국인을 웃길 수 있는 정도의 실력이 되었다.

"우와, 정말 대단하네요!"

이렇게 감탄하며 놀라지 마시라. 눈치를 보건대 외국인들이 웃는 것은 필자가 영어회화를 잘해서가 아니라 필자의 독특한 표현, 아니 독특하다기보다는 생뚱맞은 어색한 표현 때문에 웃는 것 같으니……. 한국어를 잘 못하는 캐나다 출신 전도사가 필자에게 "영어 청취력이 참 좋으시군요!"라고 말하지 않고 "귀가 참 좋으시네요!"라고 한 것과 같은 경우일 것이다. '귀가 참 좋다'라는 한국어 표현에 필자도 한참을 웃었다.

그래도 장족의 발전을 한 거다. 외국인과 맞부딪칠까 봐 슬금슬금 옆걸음으로 피하던 과거와는 달리, '신나게 웃겨먹을 외국인이 어디 없을까?' 하며 사냥에 나선 표범마냥 눈에 불을 켜게 되었으니, 외국인에 대한 두려움을 없앤 것만으로도 큰 성과를 거둔 것이다.

성경 66권의 제목부터 숙지하라

영어예배에 빨리 적응하려면, 다른 무엇보다도 성경 66권의 제목부터 숙지하는 게 좋다. 66권의 제목을 발음과 스펠링, 약어까지 모두 익혀 놓으면 목사님 설교 말씀을 청취하는 것뿐만 아니라 성경 공부를 하는 데 많은 도움이 된다.

가장 기본적이면서도 중요한 사항인데도 소홀히 하는 성도들이 의외로 많아서 강조하는 것이다.

66권의 제목을 정리해 보면, 다음과 같다.

창세기 **Genesis** 〔dʒénəsis〕

출애굽기 **Exodus** 〔éksədəs〕

레위기 **Leviticus** 〔livítikəs〕

민수기 **Numbers** 〔nʌ́mbərz〕

신명기 **Deuteronomy**
　　　〔djùːtəránəmi/-rɔ́n-〕

여호수아 **Joshua** 〔dʒɑ́ʃuə/dʒɔ́ʃ-〕

사사기 **Judges** 〔dʒʌ́dʒz〕

룻기 **Ruth** 〔ruːθ〕

사무엘상 **1 Samuel** 〔sǽmjuəl〕

사무엘하 **2 Samuel** 〔sǽmjuəl〕

열왕기상 **1 Kings** 〔kiŋz〕

열왕기하 **2 Kings** 〔kiŋz〕

역대상 **1 Chronicles** 〔krɑ́niklz/krɔ́n-〕

역대하 **2 Chronicles** 〔krɑ́niklz/krɔ́n-〕

에스라 **Ezra** 〔ézrə〕

느헤미야 **Nehemiah** 〔nìːəmáiə〕

에스더 **Esther** 〔éstər〕

욥기 **Job** 〔dʒóub〕

시편 **Psalms** 〔sáːmz〕

잠언 **Proverbs** 〔prɑ́vəːrbz/prɔ́v-〕

전도서 **Ecclesiastes** 〔iklìːziǽstiːz〕

아가 **Song of Songs**

이사야 **Isaiah** 〔aizéiə/-záiə〕

예레미야 **Jeremiah** 〔dʒèrəmáiə〕

예레미야애가 **Lamentations**
　　　〔læ̀məntéiʃənz, -men-〕

에스겔 **Ezekiel** 〔izíːkiəl〕

다니엘 **Daniel** 〔dǽnjəl〕

호세아 **Hosea** 〔houzíːə, -zéiə〕

요엘 **Joel** 〔dʒóuəl〕

아모스 **Amos** 〔éiməs, -mɔs〕

오바댜 **Obadiah** 〔òubədáiə〕

요나 **Jonah** 〔dʒóunə〕

미가 **Micah** 〔màikə〕

나훔 **Nahum** 〔néihəm〕

하박국 **Habakkuk**
　　　〔hǽbəkʌ̀k, həbǽkək, -kùk〕

스바냐 **Zephaniah** 〔zèfənàiə〕

학개 **Haggai** 〔hǽgeiài, -gai〕

스가랴 **Zechariah** 〔zèkəràiə〕

말라기 **Malachi** 〔mǽləkái〕

마태복음 **Matthew** 〔mǽθju:〕

마가복음 **Mark**〔mɑːrk〕

누가복음 **Luke**〔luːk〕

요한복음 **John** 〔dʒán/dʒɔ́n〕

사도행전 **Acts**〔ǽkts〕

로마서 **Romans**〔róumənz〕

고린도전서 **1 Corinthians**〔kərínθiənz〕

고린도후서 **2 Corinthians**〔kərínθiənz〕

갈라디아서 **Galatians**〔gəléiʃənz, -ʃiənz〕

에베소서 **Ephesians**〔ifíːʒənz〕

빌립보서 **Philippians**〔filípiənz〕

골로새서 **Colossians**〔kəláʃənz/-lɔ́ʃ〕

데살로니가전서 **1 Thessalonians**
〔θèsəlóuniənz〕

데살로니가후서 **2 Thessalonians**
〔θèsəlóuniənz〕

디모데전서 **1 Timothy**〔tíməθi〕

디모데후서 **2 Timothy**〔tíməθi〕

디도서 **Titus**〔tàitəs〕

빌레몬서 **Philemon**
〔filíːmən, fai-/-mən〕

히브리서 **Hebrews**〔híːbruːz〕

야고보서 **James**〔dʒeimz〕

베드로전서 **1 Peter**〔píːtər〕

베드로후서 **2 Peter**〔píːtər〕

요한일서 **1 John**〔dʒán/dʒɔ́n〕

요한이서 **2 John**〔dʒán/dʒɔ́n〕

요한삼서 **3 John**〔dʒán/dʒɔ́n〕

유다서 **Jude**〔dʒuːd〕

요한계시록 **Revelation**〔rèvəléiʃən〕

영어로 하는 성경공부

영어예배에 출석하다 보면, 영어로 찬양을 하고, 기도를 하고, 설교를 듣는 것뿐만 아니라 외국인과 사귀며 실전력을 쌓는 기회를 얻을 수 있다. 또한 예배시간 외에 영어로 성경공부를 할 수 있는 기회를 갖게 된다.

필자가 전에 다녔던 교회에서는 주일 오후마다 'English Bible Study Course'가 열렸다. 현재 출석하고 있는 교회에서는 주일 오후에 'Learning Community' 모임이 열리고 있으며, 수요일 저녁에도 '수요성경공부' 강좌가 진행되고 있다.

이렇게 성경공부 시간을 잘 활용하면 영어능력 향상에 큰 도움이 된다. 게다가 'Small Group' 모임에 적극 참여하면, 생생한 실전영어를 익힐 수 있다.

학원에서 삭막하게 영어공부를 하는 것보다 교회의 영어예배를 잘 활용하라. 그리하여 믿음의 세계를 든든히 하고 자기계발과 리더십을 함양하고 외국인과의 교제를 통해서 국제적인 안목을 키우며 동시에 영어를 배울 수 있으니 얼마나 좋은가.

어느 교회가 좋고 어느 교회가 나쁘다고 말할 수는 없다. 기독교의 정통 교리를 준수하는 건강한 교회의 범위 내에서 발길 끌리는 대로 가서 마음에 들면 된다.

아니, 성령님의 인도하심을 받으면 된다. 믿음이 깊은 기독교의 원리에 의하면 발길이 끌리는 대로 가는 게 아니라 성령님의 인도하심에 의해 이끌리는 것이지만, 인간적인 관점에서는 어쩌면 그것은 교회가 주는 강렬한 첫인상에 의해 결정되는지도 모른다.

마침 영어 학습법에 대한 대화를 나누던 참이니 첫인상의 중요성에 대해 언급한 외국어영역 지문을 살펴보기로 하자.

  예수님이 가르쳐준 공부법

다음 글의 빈칸에 들어갈 말로 가장 적절한 것을 고르시오

25) People tend to stick to their first impressions, even if they are wrong. Suppose you mention the name of your new neighbor to a friend. "Oh, I know him," your friend replies. "He seems nice at first, but it's all an act." Perhaps this evaluation is groundless. The neighbor may have changed since your friend knew him, or perhaps your friend's judgment is simply unfair. Whether the judgment is accurate or not, once you accept it, it will probably influence the way you respond to the neighbor. Even if this neighbor were a saint, you would be likely to interpret his behavior in ways that __________________.

① fit your expectation　　　② upgrade your status

③ make you intelligent　　　④ keep you wealthy

⑤ remove your prejudice

이 문제에 나오는 단어 중에서 영어 성경에 나오지 않는 단어는 그리 많지 않다. 성경에 나오는 단어 몇 개를 예로 들어보면 다음과 같다.

Suppose vt. 가정하다, 추측하다

1. Moses said to God, "**Suppose** I go to the Israelites and say to them, 'The God of your fathers has sent me to you,' and they ask me, 'What is his name?' Then what shall I tell them?" (Exodus 3:13)

2. **Suppose** one of you had a servant plowing or looking after the sheep. Would he say to the servant when he comes in from the field, 'Come along now and sit down to eat'? (Luke 17:7)

3. **Suppose** a brother or sister is without clothes and daily food. (James 2:15)

accurate a. 정확한, 한치의 오차도 없는

1. You must have **accurate** and honest weights and measures, so that you may live long in the land the LORD your God is giving you. (Deuteronomy 25:15)

2. The LORD abhors dishonest scales, but **accurate** weights are his delight. (Proverbs 11:1)

3. Now then, you and the Sanhedrin petition the commander to bring him before you on the pretext of wanting more **accurate** information about his case. We are ready to kill him before he gets

here. (Acts 23:15)

impression n. 인상, 느낌, 감명

Those who want to make a good **impression** outwardly are trying to compel you to be circumcised. The only reason they do this is to avoid being persecuted for the cross of Christ. (Galatians 6:12)

influence n. 영향, 역향력

If I have raised my hand against the fatherless, knowing that I had **influence** in court. (Job 31:21)

interpret vt. 해석하다, 통역하다

1. "We both had dreams," they answered, "but there is no one to **interpret** them." Then Joseph said to them, "Do not interpretations belong to God? Tell me your dreams." (Genesis 40:8)

2. Hypocrites! You know how to **interpret** the appearance of the earth and the sky. How is it that you don't know how to **interpret** this present time? (Luke 12:56)

3. For this reason anyone who speaks in a tongue should pray

that he may **interpret** what he says. (1 Corinthians 14:13)

behavior   n. 행동, 행실

1. To fear the LORD is to hate evil; I hate pride and arrogance, evil **behavior** and perverse speech. (Proverbs 8:13)

2. Once you were alienated from God and were enemies in your minds because of your evil **behavior**. (Colossians 1:21)

3. Wives, in the same way be submissive to your husbands so that, if any of them do not believe the word, they may be won over without words by the **behavior** of their wives. (1 Peter 3:1)

expectation   n. 기대, 예상, 기대(예상)되는 것

1. In the morning, O LORD, you hear my voice; in the morning I lay my requests before you and wait in **expectation**. (Psalms 5:3)

2. The creation waits in eager **expectation** for the sons of God to be revealed. (Romans 8:19)

3. but only a fearful **expectation** of judgment and of raging fire that will consume the enemies of God. (Hebrews 10:27)

더 소개하고 싶지만 '영어 학습법' 내용이 무한정 길어지겠기에

이쯤에서 그치겠다. evaluation, groundless, status, prejudice 등의 단어가 NIV 성경에는 나오지 않지만 25번 문제를 푸는 데 별 어려움은 없을 것이다. 문제의 핵심이 첫 문장과 마지막 문장에 있기 때문이다. 대입수능에 출제되는 단어 중에는 성경에 나오지 않는 단어도 있다는 사실은 오히려 우리에게 '성경은 영어의 기초를 잡는 데 좋은 책'이라는 신뢰감을 주고, '영어성경은 정복하는 데 별로 어렵지 않은 책'이라는 자신감을 준다.

25번 지문의 요지는 사람들이 자신의 첫인상을 계속 고수하려고 한다는 것이다(People tend to stick to their first impressions, even if they are wrong). 마지막 문장이 재미있다. 마침 마지막 문장의 괄호를 채우는 것이 문제로 나왔다.

Even if this neighbor were a saint, you would be likely to interpret his behavior in ways that ________________.

'설령 이 이웃이 성인이라 할지라도, 당신은 자신의 기대에 적합한 방식대로 이웃의 행동을 해석하려고 한다'는 내용이기에 정답은 ①번이 된다.

재미있는 사실은 'saint'라는 단어가 나온다는 것이다. 성경에 자주 등장하는 이 단어는 실은 번역하기가 굉장히 어려운 단어이다.

그냥 '성인'이라고 하면 간단하겠지만, 인간이 이 세상에 사는 동안에 과연 하나님의 거룩함을 이룰 수 있느냐는 문제가 대두되기 때문이다.

교회에 다니는 사람들은 이러한 문제로 많은 고민을 하게 된다. 교회에 다니면서도 전혀 거룩하지 않은 타인의 모습, 혹은 자신의 모습에 고민을 하는 것이다. 그렇기 때문에 교회에 다니면서 영어성경을 공부한 수험생이라면 25번 문항은 눈 감고도 풀 수 있는 손쉬운 문제라고 할 수 있다.

인터넷을 적극 활용하라

영어예배가 개설되어 있지 않는 교회에 다니는 청소년들은 인터넷을 이용해서 영어성경을 공부하는 방법이 있다. 영어예배를 운영하고 있는 교회들은 대부분 홈페이지에 동영상이나 mp3 파일을 올려놓는다. 이것을 잘 이용하면 생각보다 뛰어난 효과를 얻을 수 있다.

적극적인 독자들은 외국의 홈페이지를 이용하라고 권하고 싶다. 필자의 경우에는 사우스이스턴신학대학원(Southeastern Baptist Theological Seminary)의 자료를 자주 이용한다. 이곳은 MP3파일을 다운로드할 수 있게 되어 있을 뿐 아니라 다양한 억양을 반복해서

접할 수 있어서 아주 유용하다.

영어성경을 네이티브 발음으로 청취하는 것은 영어 학습의 기본이다. NIV를 무료로 청취할 수 있는 사이트를 찾아서 적극적으로 공부를 해야 한다. 인터넷 사이트를 잘 활용하면 성경 공부와 영어 공부를 동시에 할 수 있는 좋은 기회를 만드는 것이다.

사이스이스턴신학대학원 사이트
http://www.sebts.edu/chapel/chapelMessages.cfm

영어 성경을 청취할 수 있는 사이트
http://www.biblegateway.com/resources/audio
www.biblicaltraining.org
www.ccel.org

3 수학 학습법

– 신의 존재를 증명하세요

우리는 아는 것을 말하고 본 것을 증언하노라.

(요한복음 3:11)

수학은 성경과 거리가 있어 보이지만, 자세히 살펴보면 전혀 그렇지 않다. 국어나 영어, 사회나 과학보다도 오히려 수학이 성경과 더욱 밀접한 관련을 갖고 있다.

성경을 읽다 보면, 성경이 숫자로 이루어져 있음을 금세 알 수 있게 된다. 성경 말씀에는 늘 숫자가 따라다닌다. 몇 가지 예를 들어보면 다음과 같다.

여호와는 나의 목자시니 내게 부족함이 없으리로다.

(시편 23:1)

진리를 알지니 진리가 너희를 자유롭게 하리라.

(요한복음 8:23)

그런즉 믿음, 소망, 사랑, 이 세 가지는 항상 있을 것인데 그 중의
제일은 사랑이라.

(고린도전서 13:13)

숫자가 항상 따라 다닌다. 그냥 "여호와는 나의 목자시니 내게 부
족함이 없으리로다"가 아니라 시편 23편 1절 말씀인 "여호와는 나
의 목자시니 내게 부족함이 없으리로다"이며, 그냥 "진리를 알지니
진리가 너희를 자유롭게 하리라"가 아니라, 요한복음 8장 23절 말씀
인 "진리를 알지니 진리가 너희를 자유롭게 하리라"이다.

이처럼 하나님의 말씀에는 항상 숫자가 따라다니고 있으니 성경
과 숫자, 더 나아가서 교회와 수학은 불가분의 관계라고 할 수 있다.

몇 장 몇 절이라는 성경의 위치를 표시해 주는 숫자에서부터, 수
많은 숫자가 성경 속에 이어지고 있다.

성경은 구약 39권, 신약 27권으로 총 66권이다(3 곱하기 9는 27에서
둘을 더하면 66이라고 외우면 됨). 여호와 하나님은 6일 동안 천지와 인
간을 창조하시고 나서 7일째는 안식을 취하셨다. 므두셀라는 969세
까지 살아서 가장 오랜 수명을 기록했으며(창세기 5:27 참조), 모세는
가나안 정복을 위한 인구 조사를 실시했으며(민수기 1장, 26장 참

조)······ 666과 14만 4천 명이 나오고(요한계시록 13:18, 14:1 참조), 열
두 가지 열매가 나온다(요한계시록 22:2 참조). 성경의 처음인 창세기
1장에서부터 마지막인 요한계시록 22장까지 숫자와 계속 함께 하는
것이다.

따라서 성경을 열심히 읽으면 숫자와 친해지는 건 너무도 당연한
일이다.

수리적 사고의 형성

물론 대입 수리영역 시험은 산수와는 다르다. 숫자를 더하고 빼는
산수 시험을 치르는 게 아니라 '수학적 논리 능력'을 테스트하는
'수리' 시험을 치르기 때문이다.

그렇다면 더더욱 성경이 필요하다. 하나님은 '수학적 논리'에 의
해 세상을 창조하셨기 때문이다.

우리는 1부 1장의 '천지창조 학습법'에서 천지창조의 원리 중의
하나가 바로 시간의 원리임을 알게 되었다. 하나님은 천지를 창조하
실 때 시간도 함께 만드셨다. 시간의 질서란 곧 숫자의 논리적인 질
서이다. 첫째 날엔 빛을 창조하시고, 둘째 날엔 궁창(하늘)을 창조하
시고······. 그렇게 순차적인 논리적 질서, 즉 수학적 논리에 의해 세

상을 창조하신 하나님이시다.

이사야 40장 26절에는 "너희는 눈을 높이 들어 누가 이 모든 것을 창조하였나 보라 주께서는 수효대로 만상을 이끌어 내시고 그들의 모든 이름을 부르시나니 그의 권세가 크고 그의 능력이 강하므로 하나도 빠짐이 없느니라"는 말씀이 나온다.

하나님의 수학적 논리를 다시 한 번 대할 수 있는 말씀이다. 그러니 하나님 말씀을 만날 수 있는 성경을 열심히 읽으면, 수학적 논리 능력의 토양작업이 이루어짐은 자연스러운 일이다.

성경을 열심히 읽는데도 수학 점수가 좋지 않은 학생이 있다면, 그는 땅에 거름을 주고 열심히 갈기는 했지만 그 땅에 '실전수학'이라는 씨앗을 뿌리지 않았기 때문이다. 다시 말해서, 성경은 숫자와 친해지게 하고 수학적 논리 능력의 토양을 확립해주는 상당히 중요한 역할을 할 수는 있다. 하지만 세상이 요구하는 시험인 내신과 수능에서의 좋은 열매를 얻으려면 그 토양에 '실전수학'이라는 씨앗을 뿌리고 잘 가꿔주어야 한다는 뜻이다. '성경+실전수학'이 되어야 하는 것이다.

수리영역이 산수가 아니라 수학적 논리 능력을 테스트하는 시험이라고는 하지만, 덧셈, 뺄셈, 나눗셈, 곱셈을 할 줄 모르면 수학적 논리 능력을 표현할 길이 없다. 여기에 성경을 보면, 덧셈, 뺄셈, 나눗셈, 곱셈의 기본원리가 잘 나와 있다.

덧셈: 이같이 이스라엘 자손이 그 조상의 가문을 따라 이십 세 이상으로 싸움에 나갈 만한 이스라엘 자손이 다 계수되었으니 계수된 자의 총계는 육십만 삼천오백오십 명이었더라(민수기 1:45-46).

뺄셈: 만일 그 밭을 희년 후에 성별하여 드렸으면 제사장이 다음 희년까지 남은 연수를 따라 그 값을 계산하고 정한 값에서 그 값에 상당하게 감할 것이며(레위기 27:18).

곱셈:

① 이스라엘 자손의 처음 태어난 자가 레위인보다 이백칠십삼 명이 더 많은즉 속전으로 한 사람에 다섯 세겔씩 받되 성소의 세겔로 받으라 한 세겔은 이십 게라니라 그 더한 자의 속전을 아론과 그의 아들들에게 줄 것이니라 모세가 레위인으로 대속한 이외의 사람에

게서 속전을 받았으니 곧 이스라엘 자손의 처음 태어난 자에게서 받은 돈이 성소의 세겔로 천삼백육십오 세겔이라(민수기 3:46-50).

② 너는 일곱 안식년을 계수할지니 이는 칠 년이 일곱 번인즉 안식년 일곱 번 동안 곧 사십구 년이라(레위기 25:8).

나눗셈:

① 오멜은 십분의 일 에바이더라(출애굽기 16:36).

② 만일 밭을 성별하여 드린 자가 그것을 무르려면 네가 값을 정한 돈에 그 오분의 일을 더할지니 그리하면 그것이 자기 소유가 될 것이요(레위기 27:19).

이처럼 성경의 하나님 말씀이 실전수학을 잘할 수 있는 커다란 동기부여가 됨은 물론이다. '대입수능 2007학년도 수리영역' 문제를 살펴보면 잘 알 수 있다.

2007학년도 수리영역 문제에도 어김없이 확률문제가 출제되었는데 이러한 확률 문제의 경우, 우리는 이 책의 서두에서 이미 확률에 대한 문제를 하나 살펴보았다. '성균관대 2005학년도 수시 1학기 심층면접'에 출제되었던, 구원의 문제를 확률의 개념으로 설명한 '파스칼의 내기'가 바로 그것이다. 기독교와 수리영역이 동떨어져 있는 것처럼 보이지만, 실은 굉장히 밀접한 관계가 있음을 다시 한 번 깨닫게 된다.

기독교라는 토양 위에 실전수학 능력을 배양하면 수리영역 학습에 있어 최고의 효과를 거둘 수 있는 것이다.

수학의 원리

고등학교 수학에서 발견할 수 있는 공통적인 원리가 있다.

수학 I 의 지수와 로그, 행렬, 수열, 지수함수와 로그함수, 순열과 조합, 확률, 통계, 수학 II 의 방정식과 부등식, 함수의 극한과 연속성, 다양함수의 미분법, 다양함수의 적분법, 이차곡선, 공간도형과 공간좌표, 베터 등은 '질서'를 추구하고 있다.

수리영역 시험지를 가만히 들여다보면, 질서의 아름다움을 발견할 수 있을 것이다. 그 질서는 수학의 아름다움으로 나타난다.

그 아름다움은 '솔로몬의 나눗셈'으로 이미 대입 논술고사에 출제된 적이 있다.

경희대 2002학년도 정시 논술고사

제시문은 공정한 분배·분담에 대한 공리주의적 견해를 담고 있다.

이 글에 나타난 공리주의적 분배·분담 원칙의 특징을 기술하고, 이를 토대로 자녀가 여럿 있을 경우 누가 부모를 모셔야 하는가에 대한 공리주의적 해결 방안을 제시한 후, 이러한 접근법이 갖는 장단점에 대해 논술하시오.

어떻게 하면 사람들이 원하는 것을 공정하게 나누어 가질 수 있을까? 부부가 이혼할 경우, 이들이 함께 살던 집은 누가 가져야 할까? 대도시의 환경오염을 분담해서 책임질 경우, 누가 얼마나 부담해야 하는가? 공해에 위치한 대륙붕에서 광물자원이 발견된다면, 어느 나라가 개발 권리를 주장할 수 있을까? 매우 다른 듯이 보여도 이들은 모두 공정한 분배·분담 원칙이 있어야 해결이 가능한 문제이다.

예전부터 공정한 분배·분담은 매우 중요한 관심사였다. 우리는 솔로몬 왕의 일화를 통해 공정성에 대한 그의 지혜를 엿볼 수 있다. 어느 날 솔로몬 왕 앞에 두 여인이 나타나 한 아이를 두고 제각기 자기가 아이의 엄마라고 주장한다. 솔로몬은 아이를 반으로 잘라서 나누어주라고 명령한다. 그러자 그의 예상대로, 가짜 엄마는 솔로몬의 제안에 선뜻 동의함으로써 자신이 아이에게 매우 작은 가치를 부여하고 있음을 드러낸다. 반면, 진짜 엄마는 아이의 목숨을 구하기 위해 즉시 자신의 주장을 철회함으로써 아이를 얼마나 아끼는지 짐작할 수 있게 한다. 솔로몬은 진짜 엄마에게 아이를 돌려주도록 명한다.

이 일화를 접하면 우리는 솔로몬의 기지에 감탄한다. 사람들은 대체로 자신이 원하는 것만을 표현하기 때문에 솔로몬 식의 계책이 아니면, 대개는 어떤 이유에서 얼마나 원하는지 가려내기 어렵기 때문이다. 그러나 솔로몬의 일화는 우리에게 또 다른 교훈을 준다. 솔로몬은 진짜와 가짜의 구별 기준을 아이에 대한 엄마의 애착심에서 찾았다. 이는 가치가 원하는 사람의 선호나 욕구와 무관하지 않다는 사실과 동일한 재화라고 하더라도 모두에게 똑같이 가치 있는 것은 아니라는 사실을 가르쳐 준다. 많은 학자들이 솔로몬의 지혜를 학문적으로 정립하려고 노력했다. 그러나 최근까지도 공정한 분배·분담 원칙의 모델은 주로 이론적인 차원에서만 논의되어 현실 생활에 적용할 수 없었다. 그런데 일부 학자들이 "케이크 자르기"라 부르는 매우 단순하지만 함축적인 모델을 개발하여 제한적으로나마 실제 상황에 적용하기 시작했다. "케이크 자르기"는 다음과 같은 절차로 이루어진 모델이다.

먼저 두 사람이 케이크를 나누어 가지려 한다고 가정하자. 이 경우, 공정한 분배 방식은 먼저 한 사람이 케이크를 자르고 이어서 다른 사람이 자기 몫을 선택하도록 하는 것이다. 이때 첫 번째 사람은 자기가 원하는 방식으로 케이크를 자름으로써 자신이 원하는 바를 반영할 수 있다. 예를 들어, 그가 케이크의 양보다 초콜릿과 같은 첨가물에 더 큰 가치를 둔다면, 그는 상대방의 기호를 추정한 후, 초콜릿과 케이크의 양을 감안하여 나눌 것이다. 반면 두 번째 사람은 상대방을 고려할 필요 없이 두 조각 중 하나를 택하면 된다. 이렇게 분배할 경우, 두 사람 모두 만족할 수 있다. 두 사람 모두 나름대로 분배방식에 참여하는 과정을 통해, 모두가 자신이 원하는 것 또는 원하지 않더라도 일방적으로 불리하지 않은 것을 얻을 수 있기 때문이다.

- K. C. 콜의 『아름다운, 너무나 아름다운 수학』에서 발췌, 수정

아이의 목숨을 구한 '솔로몬의 재판' 이야기는 구약에 나오는 유명한 말씀이다.

왕이 이르되 산 아이를 둘로 나누어 반은 이 여자에게 주고 반은 저 여자에게 주라.

(열왕기상 3:25)

2002학년도에 출제되었던 이 말씀은 5년 후, 경희대의 2007학년도 제시문에도 똑같이 등장하고 있다. 그만큼 유명하고 중요한 콘텐츠이기 때문이다.

솔로몬이 1/2의 나눗셈을 하려고 하자, 아이의 엄마가 밝혀진다. 수학의 기본원리이다. 수학적 계산과 질서를 통해서 진리를 추구하는 것이다. 경희대 논술고사 문제에서 볼 수 있듯이, 통합교과의 시대에 수학은 이제 더 이상 수학 혼자만의 사유가 아니다.

이러한 수학적 사유는 논술고사에서 빈번히 출제되고 있다.

고려대 2006학년도 수시 2학기 인문계 수리논술

영희와 철수는 "귀납적 추리"와 "수학적 귀납법"을 적용한 논증을 제시하려 하고 있다. 누가 어떤 논법을 적용하고 있는지 판단하여 이들의 논증에 문제점이 있으면 지적하고, 각자의 주장을 정당화하기 위한 올바른 논법을 선택한 후 합리적인 논증을 제시하시오.

이 문제에서 '귀납적 추리와 수학적 귀납법을 적용한 논증'이라는 표현을 발견할 수 있다. 수학적 논리 전개의 중요한 방법이 등장한 것이다.

논리 전개의 주요 방법은 한양대 문제에서도 발견할 수 있다.

한양대 1999학년도 자연계 논술고사

(가)에서 다윈(Darwin)은 모든 생명체가 하나의 조상으로부터 나왔다는 가설을 지지하는 논변을 펼치고 있다. 여기서 다윈이 사용하는 추론 방식은 (나)에서 데카르트(Descartes)가 옹호하는 과학적 탐구의 방법과는 달라 보인다. 다윈이 결론을 이끌어 내는 방식을 분석하고 다윈의 논변을 (나)에 나타난 데카르트의 견해에 의거해 비판하는 것은 정당한지 자신의 견해를 논술하시오.

(가) 한 무리의 생물체들이 지니는 공통적 특성이나 유사성은 이들이 같은 조상에서 나온 공통 계통에 속한다는 가설을 지지하는 증거가 된다. 우리가 조사하는 생물체들이 다양하면 다양할수록 이들이 지니는 공통적 또는 유사한 특성들을 찾아 내기란 쉽지 않지만, 몇몇 중요한 논의는 매우 폭넓게 적용될 수 있다.

같은 강(綱)에 속하는 모든 성원은 유사한 특성에 의해 서로 연결되고 그것들은 같은 원칙에 의해 여러 군(群)으로 분류된다. 때때로 화석은 현존하고 있는 강(綱)보다 하위 단위인 여러 목(目) 사이의 매우 넓은 간격을 채워 준다. 생물체이 흔적 기관은 그들의 먼 조상이 그 기관을 충분히 발달한 상태로 갖고 있었음을 보여 주는 증거이다. 그리고 어떤 경우에는 이것이 자손들에게 크게 달라진 형태로 나타날 수 있음을 암시하고 있다.

전 강(綱)을 통해서 여러 가지 구조는 공통적 양식으로 형성되며, 초기 단계에서는 배(胚)가 밀접하게 닮는다. 그래서 나는 변화를 용인하는 계통의 이론이 동일한 커다란 강(綱), 나아가 계(界)의 모든 성원에 포괄적으로 적용될 수 있으리라고 생각한다. 그리하여 나는 동물이 기껏해야 넷이나 다섯의 조상으로부터, 그리고 식물은 그것과 같거나 더 적은 수의 조상으로부터 유래되었다고 믿는다.

한 걸음 더 나아가 나는 유추를 통해 보다 대담한 가설 즉, 모든 동물과 식물은 어떤 하나의 원형에서 유래되었다는 신념에까지 이르렀다. 물론, 유추는 사람을 속이는 안내자일 수도 있다. 그렇지만 모든 생물은 그들의 화학적 조성, 세포적 구조, 성장의 법칙 등에 있어서 공통점과 유사성을 많이 갖고 있다. 그리고 동일한 독극물이 이따금 동식물에 마찬가지로 작용한다는 사실, 오배자 벌레가 분비하는 독이 들장미뿐 아니라 참나무도 기형적으로 성장하게 한다는 사실 등은 생물체들 간의 유사성을 보여 주는 예들이다. 약간의 하등 생물을 제외하고는 모든 생물의 유성 생식은 본질적으로 같다고 생각된다.

오늘날 우리가 아는 한에 있어서 모든 생물의 배포(胚胞)는 동일한 것으로 여겨진다. 이런 사실들은 모든 생물들이 하나의 공통 근원에서 출발한 것이라는 나의 믿음에 좋은 증거가 된다. 하등 생물들 중에는 동물계와 식물계 중 어느 계에 속하는 것으로 분류할 것인가란 문제를 두고 박물학자들이 논쟁을 벌일 만큼 형질상 중간적인 것이 있다. 에이사 그레이 교수가 말한 바와 같이, 많은 하등 조류(藻類)의 포자(胞子)와 같은 생식체는 처음에는 형질상 동물적인 생존 양태를, 그리고 다음에는 식물적인 생존 양태를 갖는다. 이런 점에서 볼 때 이와 같은 중간적인 형태의 하등 생물에서 동물과 식물이 유래되었을 것이라는 가설도 믿기 어려운 것은 아니다.

만일 이것을 인정한다면 적어도 우리는 지상에서 생존한 모든 생물이 어떤 하나의 원시 형태에서 유래되었을 것이라는 점을 또한 인정하지 않을 수 없다. 물론 이러한 추론은 주로 유사성에 바탕을 둔 것이다.

(나) 데카르트는 자연 세계를 연구하는 방법으로 연역적 방법의 전

형인 수학적 방법만을 사용하려고 하였다. 왜냐하면 그는 이제까지 과학에서 진리를 탐구하여 온 모든 사람들 중에서 명확하고 확실한 지식을 얻는 데 성공한 사람들은 연역적 증명의 방법을 사용한 수학자들뿐이라고 믿었기 때문이다. 나아가 데카르트는 자연 세계를 탐구하는 데에 수학과 같은 연역적 방법만으로 충분하다고 믿었다.

그는 '철학의 원리'에서 다음과 같이 주장하였다.

'나는 형태가 있는 사물에 관해서는 기하학자들이 정의한 양(量)과 그들이 명의 대상으로 택한 것 이외에는 모르고 있다고 솔직히 고백한다. 대상을 다루는 데 있어 나는 단지 모양과 분할과 운동만을 생각할 뿐이다. 의심의 여지가 없는 보편적 진리로부터 수학적 증명에서와 같은 확실성을 지니면서 연역될 수 있는 결론들 이외에는 어떤 것도 참이라고 받아들일 수가 없기 때문이다. 이와 같은 방식으로 모든 자연 현상을 다 설명할 수 있으므로 우리는 자연에 관한 탐구에 있어서 수학적·연역적 방법 이외의 어떠한 불확실한 방법도 허용해서는 안 된다고 생각한다.'

위의 저술에서 데카르트는 과학의 본질은 수학이라고 주장하였다. 그는 "모든 자연 현상은 수학에 의하여 설명되거나 논증 가능하기 때문에 나는 기하학이나 추상수학 이외의 원리를 물리학을 비롯한 자연 과학의 탐구에 허용하지도 않으며 사용하는 것을 희망하지도 않는다"고 말하였다. 그에 의하면 객관적인 세계는 고체화된 공간이거나 구체화된 기하학적 형태이므로 그것의 성질은 기하학의 기본 원리들로부터 추론될 수 있다는 것이다.

다윈의 귀납적 방법과 데카르트의 연역적 방법에 대한 문제이다. 이 두 가지 추론 방법이 서구 학문의 두 축을 이루고 있다.

이 글을 보면 다윈의 주장이 애초에 틀린 것일 수도 있다는 것을 스스로 인정하고 있다는 점이 흥미롭다. 제시문 (가)의 "한 걸음 더 나아가 나는 유추를 통해 보다 대담한 가설 즉, 모든 동물과 식물은 어떤 하나의 원형에서 유래되었다는 신념에까지 이르렀다"는 대목이다. 오늘날의 진화론자들은 다윈조차도 '유추를 통한 가설'이라고 밝히고 있는 진화론을 불변의 진리로 받아들이고 있는 것이다.

과학과 수학의 차이점이 바로 여기에 있다. 수학은 과학에 비해 비교적 진리에 가깝다. 물론 수학에도 가설이 존재하고 시대적 가치와 조류를 반영하려는 노력이 곳곳에 배어 있기는 하지만, 질서를 추구한다는 점에서는 과학보다 훨씬 더 진리에 가깝다고 할 수 있다.

신의 존재를 증명하기 위한 수학적 노력

한양대 논술고사에 등장했던 데카르트가 신의 존재를 증명하려

했다는 점을 상기해야 한다. 이성적·합리적으로 신의 존재를 증명
하려 했던 데카르트에게 수학은 신의 존재를 증명하는 수단으로 사
용되었다.

수학으로 신의 존재를 증명할 수 있을까?

수학의 원리와 공리들은 우주의 비밀을 하나하나 벗겨가는 과정
에서 발견되는, 하나님의 숨결과도 같은 것이라고 할 수 있다.

케플러와 뉴턴의 공통점은 무엇일까?

그들의 공통점은 근대과학의 발전에 지대한 공헌을 한 위대한 수
학자였다는 것 외에도, 깊은 신앙심으로 하나님을 경배했다는 사실
이다. 케플러(1571~1630)와 뉴턴(1642~1727)의 수학적 탐구를 기독교
신앙의 붕괴 내지는 종말을 고하는 무신론적이면서도 반종교적인
활동으로 보는 것은 잘못된 시각이다.

위대한 수학자였던 케플러는 한때 목사가 되기 위해 신학을 공부
했을 정도로 신앙심이 깊은 사람이었다. 케플러가 밤하늘의 별자리
를 집요하게 관찰한 것은 하나님의 섭리를 알고 싶어서였다. 수학과
천문학으로 하나님의 영광을 드러내려고 노력한 끝에 그는 역사적
인 연구 업적을 남기게 된다.

뛰어난 수학자였던 뉴턴 역시 경건한 청교도 신자였으며, 과학 탐
구보다는 신학 연구에 더 많은 시간을 쏟았다고 한다. 그는 하나님
의 영광을 수학적으로 표현하려고 했으며, 『다니엘서』와 『요한계시

록 주해』 같은 신학 서적을 저술하기도 했다. 놀랍지 않은가? 뉴턴이 신학 책을 저술하다니. 그리고 그의 이름 '아이작 뉴턴'은 창세기의 주요 인물인 '이삭'에서 따온 것이다.

신의 존재를 증명하려는 수학적 노력은 오늘날에도 지속되고 있다.

1부 1장의 '천지창조 학습법'에서 소개했던 '지적설계론'의 대표주자인 윌리엄 뎀스키의 전공이 바로 수학이다. 지난날 케플러와 뉴턴이 수학으로 신의 존재를 증명하려고 시도했듯이, 오늘날에는 윌리엄 뎀스키가, 혹은 제2, 제3의 아이작 뉴턴이 하나님의 영광을 드러내기 위한 탐구 작업을 지속하고 있는 것이다.

그러한 탐구 작업의 저력은 '수학'에서 비롯된다. 하나님의 영광을 드러내고 우리의 삶에 질서와 규칙을 제공해 주는, 수학은 아름답다.

2007학년도 수리영역에는 '피타고라스의 정리'를 응용한 문제가 출제되었다. '만물의 근원을 수'로 본 피타고라스는 하나님의 천지창조의 원리를 간파하고 있었던 것일까? 논술고사에서는 수학 논제들이 자주 출제된다.

서울대 2008학년도 논술고사 2차 예시문항(자연계열)

▶▶ **문항 (2)번의 제시문**

미분은 곡선의 접선을 긋는 것에서, 적분은 곡선으로 둘러싸인 부분의 면적

을 구하는 것에서 시작되었다고 한다. 미분법과 적분법에 대해서는 그리스 시대부터 논의가 이루어져 왔는데, 고대 그리스 수학자 아르키메데스는 오늘날의 구분구적법과 유사한 방법으로 평면 영역과 구면의 넓이를 구하였고, 프랑스의 페르마(1601~1665)는 함수의 극소값과 극대값을 구하는데 미분법과 유사한 방법을 이용하였다. 그러나 오늘날과 같은 미적분학은 뉴턴과 라이프니츠에 의해 발견되었다.

영국의 뉴턴(1642~1727)은 운동체의 속도를 구하는 과정에서 미분법을 발견하였다. 그는 행성의 움직임을 연구하기 위해 미적분을 고안하였으며, 미분방정식을 풀어서 케플러법칙을 증명하였다. 독일의 라이프니츠(1646~1716)는 곡선의 접선 또는 함수의 극대, 극소를 고찰하는 과정에서 미분법을 발견했으며, 현대적인 미분과 적분의 기호를 개발하는 데 크게 공헌하였다.

뉴턴과 라이프니츠에 의해 발견되고, 오일러 등 여러 학자에 의하여 발전된 미분법과 적분법은 현대수학의 가장 기본적인 개념이 되었을 뿐만 아니라 자연과학, 공학 및 사회과학 등 거의 모든 분야에 응용되고 있다. 예를 들어 최대, 최소값을 구하는 데 사용되기도 하고, 움직이는 물체의 운동이나 사물의 변화하는 현상을 기술하는 데 이용되기도 한다.

물질의 운동을 역학과 수학으로 설명하려고 한 수학자들의 정신이 돋보인다. 그러한 노력은 곧 신의 존재를 증명하려는 목적으로 귀결되는 것이다.

영화 「뷰티풀 마인드(A Beautiful Mind)」는 천재 수학자의 역경과 승리를 잘 묘사한 걸작으로 알려져 있다.

영화의 실제 주인공인 존 포브스 내쉬 주니어(John F. Nash, Jr.)는 1950년에 '비협조적 게임'에 대한 논문으로 프린스턴대학교에서 박사학위를 취득한다. 그의 이론은 '내쉬 균형(the Nash equilibrium)'으로 불리며 유명해지지만, 그는 마음의 병을 이겨내지 못한 채 줄곧 망상에 시달리게 된다.

그것은 절망에 이르는 고독의 병이었다. 「뷰티풀 마인드」에 그의 고독이 잘 묘사되어 있다. 학창 시절 그는 외로운 기숙사 생활을 이겨내기 위해서 상상 속의 친구를 만들어내어 그와 대화를 나누며 지냈다. MIT대 교수 시절엔 소련의 스파이가 자신을 죽이려 한다는 망상에 사로잡혀 병원 신세를 져야 했다.

그를 망상의 병에서 구해낸 것은 이혼과 재결합이라는 우여곡절 속에서도 눈물의 골짜기를 통과한 아내의 헌신적인 사랑이었다. 아내의 숭고한 사랑 속에서 마음의 병을 이겨낸 그는 1994년에 '비협조적 게임이론(the theory of non-cooperative games)'으로 노벨 경제학상을 수상하게 된다.

내쉬의 이론은 경제학을 탈바꿈시켰다(『아름다운 정신 1』, 실비아

네시아 지음, 신현용, 이종인, 승영조 옮김, 승산, 19쪽).

숫자와 기호를 도구로 세상을 논리와 이성의 눈으로 바라보던 그는 노벨상 수상 기념 연설에서 "논리와 이성은 사랑 안에서만 발견할 수 있다는 것을 깨달았다"는 유명한 말을 남긴다. 이는 수학의 궁극적인 목적을 잘 보여주는 '영화 속 명언'이다.

논리와 이성은 사랑 안에서만 찾을 수 있다…….

천재 수학자 존 내쉬의 삶을 그린 「뷰티풀 마인드」를 언급하는 이유는, 그와 우리의 공부가 아주 긴밀하게 연관되어 있기 때문이다.

다름이 아니라 그의 '내쉬 균형'의 예라고 할 수 있는 '죄수의 딜레마(또는 수인의 딜레마)'를 살펴보면 수학이라는 학문이 자연과학뿐만 아니라, 경제학을 비롯한 사회과학과 얼마나 밀접한지를 잘 알 수 있게 된다.

동국대 2004학년도 수시 1학기 논술고사

제시문

(다) '수인의 딜레마(Prisoner's dilemma)'라는 게임이 있다. A와 B가 은행을 털다가 경찰에 붙잡혔다. 경찰은 이들이 범행을 저질렀다는 것을 확신하고 있으나, 구체적인 물증을 얻지는 못한 상태이다. 범인들의 자백을 받아내기 위해 경찰은 A와 B를 격리 수용하고, 각자에게 다음과 같은 조건을 제시하였다. 어느 한 사람만이 진실을 털어놓을 경우, 그는 즉시 석방되고 다

른 한 사람은 10년형을 받게 된다. 두 사람이 모두 자백하면 두 사람 모두 5년 형을 받아야 한다. 그러나 두 사람 모두 자백하지 않으면 두 사람은 모두 2년 형만 받게 된다. 두 범죄자가 모두 합리적이라고 가정하면, 결과는 어떻게 될까? 두 사람 모두 묵비권을 지키면 사이좋게 2년만 감옥에 있다가 나올 수 있는 상황이었지만, 아이러니컬하게도 두 사람은 모두 5년을 살아야 한다는 결론에 다다르게 된다는 것이 '수인의 딜레마'의 내용이다. 그만큼 불확실한 상황에서는 최악의 상황만은 피해야 한다는 것이 합리적 선택의 기준이 된다. 서로 신뢰하고 협조하면 서로에게 더 유리하다는 것을 알면서도 협조할 수 없는 상황이 딜레마이다. 결국 이러한 상황은 각자 개인적인 관점에서 보면 합리적인 의사결정이 전체적으로 보면 모두에게 더 불합리한 결과를 가져오는 상황으로서 우리가 일상적으로 흔히 처하게 되는 문제 상황이다. 개방사회에서 빈번하게 일어날 수 있는 갈등상황의 구조를 보여주기 위해 이 게임이 활용되기도 한다. 이러한 상황에서 갈등은 두 가지 가능한 의사결정 간에 일어날 수 있는 것인데, 그 중 한 가지는 개인의 관점에서 볼 때 합리적인 선택이고, 다른 한 가지는 전체(곧 사회)의 관점에서 볼 때 합리적인 선택이다. (중략) 결국 '수인의 딜레마' 상황은 개방사회에서 합리성과 도덕감 간의 갈등을 나타낸다.

고려대 2007학년도 수시 2학기 논술고사에도 이와 유사한 문제가 출제되었다. 이들 대학에서 출제된 '죄수의 딜레마'를 이론화한 존

폰 노이만(1903~1957) 역시 수학자이다. 그는 존 내쉬의 전기인 『아름다운 정신』에 한 장(章)을 할애하여 소개될 정도로 수학계의 거장이다.

이 제시문에서 흥미로운 사실은, '죄수의 딜레마'라는 현대 수학자의 이론이 갈등상황의 구조라는 사회과학적 틀을 보여주고 있다는 것이다. 존 폰 노이만과 같은 수학자들이 원자폭탄을 개발하기 위한 미국의 '맨해튼 계획'에 참여했었다는 것은, 세상을 향한 수학의 의사소통 행위에 해당된다.

'경희대 2002학년도 정시 논술고사'에 출제되었던 『아름다운, 너무도 아름다운 수학』에서 살펴보았듯이, 숫자와 기호로 표현할 수 있는 세상의 범위는 이제 거대한 스토리텔링을 이루며 사회의 모든 영역으로 확대되고 있다.

수학은 사랑을 위해 존재한다

영화 「뷰티풀 마인드」를 보면 흥미로운 점을 하나 발견할 수 있다. 주인공 존 내쉬도 그의 아내나 친구들도, 그 누구도 하나님께 기도를 드리지 않는다는 사실이다. 「뷰티풀 마인드」의 감독인 론 하워드가 하나님을 부정하는 영화 「다빈치 코드」를 만들었다는 것을 보면, 어쩌면 영화 「뷰티풀 마인드」의 그 누구도 기도를 하거나 교회에 다니지 않는 것은 너무도 당연한 일인지도 모른다.

이것은 너무도 안타까운 일이다. 영화 속 주인공이 하나님께 기도를 드릴 줄 아는 신실한 크리스천이었다면, 망상 속의 친구와 대화를 나누는 대신에 하나님과 대화를 나누며 건강한 마음을 유지해 나갈 수 있었을 것이다. 또한 소련 스파이가 자신을 해치려고 한다는 악마적 과대망상은 일어나지 않았을 것을……

물론 영화를 통해서 해볼 수 있는 우리의 추측과는 달리 그의 전기 『아름다운 정신』에는 내쉬의 종교가 기독교였다고 묘사되어 있다. "아기는 약 3.2킬로그램이었고, 누가 봐도 건강했다. 아기는 곧 성공회 교회에서 세례를 받았고, 아버지의 이름을 물려받았다. 사람들은 모두 그를 조니(Jonny)라고 불렀다."(『아름다운 정신 1』, 실비아 네이사 지음, 신현용, 이종인, 승영조 옮김, 승산, 49쪽)라는 글에서 알 수 있듯이, 내쉬는 이른바 '모태신앙'으로 태어났다. 하지만 그게 전부였다. 청소년 시절, 내쉬가 마지못해 교회에 갔다는 것을 우리는 확인할 수 있다.

"조니는 노골적으로 반항하지는 않았다. 마지못해 캠핑을 떠났고, 의무적으로 댄스 교습소와 성서반에 나갔다. 후일 어머니의 성화에 못 이겨 마사가 주선한 데이트도 했다. 그러나 그것은 모두 부모를, 특히 어머니를 즐겁게 해주기 위한 것이어서, 친구가 없고 붙

임성이 없는 건 여전했다. 운동을 하고, 교회에 가고, 컨트리 클럽의 무도회에 참석하고, 친척집을 방문하는 일 따위는 그에게 따분한 것이었다."

학장이 저녁식사 시간에 대표로 기도를 하는 프린스턴대학원에 다녔음에도 청소년 시절에 하나님께 스스로 간구하며 간절히 기도드리는 습관을 갖지 않았던 그는 끝내 깊은 어둠 속에 침잠하게 된다.

무수한 망상에 시달리는 고통의 세월이 흐르고 나서야 주인공은 깨닫게 된다. "논리와 이성은 사랑 안에서만 발견할 수 있다"는 것을.

「뷰티풀 마인드」의 사례에서 잘 알 수 있듯이, 수학이 건강한 학문으로 존재하려면 사랑이 그 바탕이 되어야 한다. 즉 몸과 마음의 건강을 잘 유지하며 공부에 전념하려면 사랑이 동반되어야 하는데, 기독교는 '사랑의 종교'이다. 천재 수학자 존 내쉬의 말대로 사랑 안에서만 논리와 이성을 발견할 수 있다면, 수학을 잘하는 전제 조건은 '사랑'이다. 세상의 다른 학문과 마찬가지로, 수학은 '사랑'을 위해 존재한다. 폭탄을 만들기 위한 수학은 정치적으로 잠시 이용되는 것일 뿐, 수학의 본질은 아니다. 신의 존재를 증명하려는 부단한 노력과, "하나님은 사랑이시라"(요한일서 4:16), 사랑의 구현을 위한 논리와 이성의 통합교과적 탐구가 지금 이 순간에도 끊임없이 이어지고 있다.

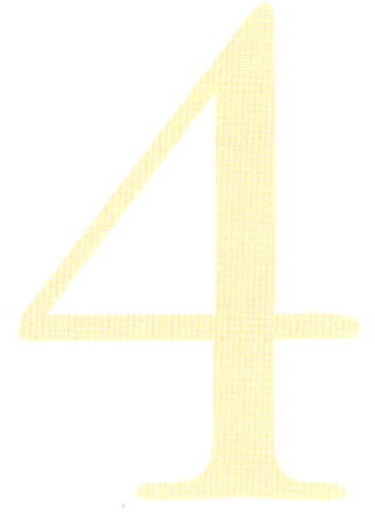

4 사회 학습법

– 신학과 사회의 만남

너희가 진리를 순종함으로 너희 영혼을 깨끗하게 하여
거짓이 없이 형제를 사랑하기에 이르렀으니
마음으로 뜨겁게 서로 사랑하라.

(베드로전서 1:22)

아무런 편견이나 선입견 없이 한 사회의 정치와 경제, 역사와 지리, 윤리와 문화를 논하기란 거의 불가능하다. 좋든 싫든 간에 우리는 일정한 신념에 사로잡혀 있으며, 그 신념이 하나의 세계관이 되어 특정 사회를 평가하는 잣대가 되고 있기 때문이다.

그러나 분명한 것은 일정한 편견이나 선입견에 사로잡혀 있다고 하더라도, 이 땅에서 분명히 벌어지고 있는 사회 현상까지 부인할 수는 없다는 것이다.

오늘날 우리는 '자살 권하는 사회'에 살고 있다. 우리 사회의 단면을 잘 보여주는 통계수치 중의 하나가 경제협력개발기구(OECD) 회원국 중에서 자살률이 1위라는 사실이다. 특히 20~30대의 사망원인 1위가 자살이라고 하니 미래 사회의 중추적인 역할을 할 젊은이들이 삶의 희망을 갖지 못하고 있는 것 같아 안타깝기만 하다.

상황이 이러하니 행복한 삶과는 거리가 멀어 보인다. 아니나 다를까 서울복지재단과 대한민국학술원의 2007년 1월 발표에 의하면, 서울시민의 행복지수가 세계 10대 주요도시 가운데 최하위 수준인 것으로 조사됐다.

왜 이렇게 되었을까?

중산층은 갈수록 붕괴되어 빈곤층이 늘어만 가고, 경제가 회복될 기미기 보이지 않아 서민들의 주름살은 깊어만 가고, 시민의 행복지수가 최하위에 머물러도, 누구 하나 책임지는 사람은 없다.

교회 공동체의 바람직한 기능

우리 사회의 교회도 그리 건강한 편은 못 된다. '자살 권하는 사회'의 구성원들이 그대로 교회 공동체를 이루고 있는데, 그 공동체의 모습이 어떠할지 짐작이 간다. 국가와 교회는 엄정하게 분리되어야 한다고 하지만, 국가가 겪고 있는 정치·경제적 사회현상이 교회에 그대로 반영되는 것조차 막을 수는 없는 노릇이다.

우리 사회의 교회는 '교회 기능의 설정'에서부터 첫 단추를 잘못

꿰고 있다. 흔히들 예배, 전도, 양육, 봉사를 교회의 4대 기능으로 보고 있다. 교회에 따라서는 예배, 전도, 교제, 봉사를 4대 기능으로 보는 곳도 있다.

무엇으로 보건, 교회 중심적이다. 사회는 안중에도 없다. 봉사조차도 사회봉사보다는 교회봉사에 더 치중한다. 교회는 교회대로, 교회의 4대 기능인 예배, 교제(혹은 양육), 선교(전도), 봉사(구제) 중에서, 예배와 교제(혹은 양육)는 기본적인 수준만 유지하고 있다. 그러면서 하나님 나라를 확장한다는 명목 하에 전도에만 매달리고 사회구제는 미약하기만 하다. 최상의 전도는 사회구제라는 것을 진정 모르고 있는 것일까, 아니면 알고도 모른 체하는 것일까?

교회의 기능을 다시 설정해야 한다.

교회 공동체의 바람직한 기능은 '예배, 선교, 교육, 복지'로 설정되어야 한다. 비슷한 것 같지만, 어떤 용어를 쓰느냐에 따라서 교회의 기능은 확연히 달라진다.

① 예배 공동체의 기능은 지속되어야 한다. 가장 중요한 기능이기 때문이다.

② 선교 공동체의 기능도 마찬가지이다. 예수 그리스도의 복음을 땅 끝까지 전하는 것은 성도들의 기본 의무이기 때문이다. 예배와 선교의 두 가지 기능이 교회 공동체를 일반 사회단체들과 구별 짓게 해주는 가장 큰 특징이 될 것이다.

③ 우리 사회의 교회는 교육문화센터가 되어야 한다. 성도들만을 대상으로 한 소극적 의미의 교육인 '양육'에 머물러서는 안 된다. 보다 적극적으로 성도와 비신자 모두에게 교육문화의 기회를 제공하는 교육문화센터로서의 중추적인 역할을 해야 한다. 세속화되라는 뜻은 아니다. 성경 말씀과 성서적 세계관을 기초로 한 교육문화를 펼쳐나가면 된다.

④ 우리 사회의 교회는 사회복지센터가 되어야 한다. 어떤 교회가 있는데 그 교회의 반경 몇 킬로미터 내에 밥을 굶는 어린이나 청소년, 혹은 독거노인이 있다면, 그건 그 교회의 책임이다. 세상 살기가 너무 힘들어 스스로 목숨을 끊고자 하는 사람이 존재한다면, 그것 역시 그 교회의 책임이다. 예수님이 하신 일이 무엇이었는가? 교회가 가난하고 병들고 힘들어 하는 사람들을 위한 사회복지센터로 거듭나는 것은 너무도 당연한 일이다. 종교개혁을 촉발한 마르틴 루터의 95개조 논제의 핵심도 '불쌍하고 가난한 사람을 도우라'는 것이었다.

성도들의 교제는 교회의 이러한 기능 속에서 자연스럽게 이루어져야 한다. 그렇게 해야 예배, 선교, 교육, 복지의 네 가지 기능도 따로 떨어진 것이 아니라 서로 긴밀하게 맞물려 돌아간다. 예배와 선교를 통해서 교육과 복지가 이루어지고, 이를 통해서 예배와 선교가 이루어진다. 그렇다고 어느 한 가지에 무게중심을 두어서는 안 된다. 네 가지 기능에 골고루 무게중심을 둘 때, 한국 교회는 저절로 부흥하게 될 것이다.

우리 사회의 밝은 등불

'어쩌면 우리는 이미 망한 게 아닐까? 어쩌면 우리는 이미 망해 있는지도 모른다. 그렇지 않고서야 어떻게 자살률이 세계 1위일 수 있는가…….'

이러한 절망에 빠지지 않고 여전히 기도를 드릴 수 있는 것은, 우리에겐 아직 교회가 있기 때문이다. 오늘날의 일부 교회가 병들어 있다고 할지라도 우리가 교회에 나가야 하는 이유는, 우리가 교회에 나가서 꺼져가는 빛을 살려야 하기 때문이다. 희미하게 가물거리는 우리 사회의 빛을 환하게 살려내 차갑고 어두운 구석구석을 따뜻하고 밝게 비춰야 하기 때문이다.

우리 사회의 밝은 등불이 되는 것, 혹은 어둠을 거둬내어 환한 빛이 쏟아지게 하는 것 그것이 우리가 지금 이 순간 사회 공부를 열심히 하고 있는 이유이다.

과연 사회 공부를 열심히 하다 보면, 자살률 1위의 오명 속에 병

들어 있는 우리 사회를 건강하게 되살릴 수 있을까?

우선, 2007학년도 사회탐구 영역 문제를 하나 살펴보자.

18) 다음 (가)의 밑줄 친 문제의 해결과 관련하여 (나)에서 얻을 수 있는 시사점을 〈보기〉에서 모두 고른 것은?

(가) 최근 우리 사회에는 천민자본주의적인 현상이 나타나고 있다.

(나) 가 개인이 합법적으로 부를 추구하는 것은 정당하지만 나태와 향락, 안일한 삶을 위한 부의 축적은 거부되어야 한다. 직업을 통해 부를 추구하는 것은 도덕적으로 허용될 뿐만 아니라 명령된 것이기도 하다.

〈보 기〉

ㄱ. 도덕과 경제의 분리　　ㄴ. 재화의 균등한 재분배

ㄷ. 합리적인 이윤 추구　　ㄹ. 검약하고 절제하는 생활

① ㄱ, ㄴ　　② ㄱ, ㄷ　　③ ㄴ, ㄷ　　④ ㄴ, ㄹ　　⑤ ㄷ, ㄹ

이 문제를 풀기 위해서는 (가)와 (나), 그리고 〈보기〉를 읽을 줄 아는 기초적인 국어 실력만 있으면 된다. 그런데도 평범하다 못해

식상하기조차 한 문제를 굳이 선택한 이유는, 우리 사회의 가장 근본적인 문제가 무엇인가를 심층적으로 탐구해 보기 위해서다.

이 문제를 제대로 풀려면, 우선 천민자본주의라는 용어를 이해하고 있어야 한다.

'천민자본주의(賤民資本主義, Pariakapitalismus)'란 원래 독일의 사회학자인 막스 베버(1864~1920)가 사용했던 사회학적 용어이다. 베버가 이 용어를 사용한 것은 유대인들을 염두에 두었기 때문인 것으로 알려져 있다. 즉 유대인들이 자신들을 스스로 천민민족(Pariavolk)화하여 제도권에 기생하면서 상업과 금융업(고리대금업)으로 이득을 취했던 것을 염두에 두고 사용한 용어이다.

그런데 시작부터 문제가 생긴다. 유대인들에 대한 베버의 이러한 인식이 과연 올바른가를 따져 봐야 하기 때문이다.

우선 베버가 『프로테스탄티즘의 윤리와 자본주의 정신』이라는 논문의 저자임을 상기해야 한다. 천민자본주의를 벗어난 근대자본주의 형성을 이해하기 위해서 베버의 이 책이 제시문으로 출제되었던 논술고사 지문부터 살펴보기로 하자.

성균관대 2002학년도 논술고사

(가) 부단하고 지속적이며 체계적인 세속적 직업노동을 최고의 금욕적 수단이자 동시에 신앙의 진실성에 대한 가장 확실하고 분명한 증거로 보는 종교적 입장이 자본주의 "정신"이라 불리는 생활 태도를 형성시켰다. 소비 억제와 근로 활동은 필연적으로 금욕주의적 절약 행위를 통한 자본 형성을 초래한다. 재산의 소비 억제는 자본의 생산적 투자를 가능하게 하여 궁극적으로 소비를 증가시키게 된다. 이러한 영향이 얼마나 강했던 것인가를 통계적으로 정확히 규명하는 것은 쉽지 않다.

그러나 엄격한 칼빈주의가 7년간 지배했던 네덜란드에서는 종교적으로 독실한 사람들이 거대한 부(富)에도 불구하고 매우 소박한 생활을 해서 막대한 자본을 축적했다. 또한 모든 시대, 모든 곳에 존재했었고 20세기 초 독일에도 뚜렷하게 목격되는 시민적 재산의 "귀족화" 경향이 봉건적 생활 형태에 대한 청교도주의의 반감 때문에 상당한 저지를 당했다는 것도 분명하다. 17세기 영국의 중상주의 저술가들은 네덜란드의 자본력이 영국을 능가하게 된 원인을, 영국과는 달리 네덜란드에서는 새로 벌어들인 재산을 대체로 토지에 투자하지 않았다는 데서 찾았다. 하지만 이것은 단순히 토지를 구입하지 않았기 때문만은 아니다.

또 다른 중요한 원인은 네덜란드에서 귀족적인 봉건적 삶의 양식이 향유되지 않았다는 데 있다. 왜냐하면, 이로 인해 자본주의적 투자가 가능해졌기 때문이다. 17세기 이후의 영국사회는 "좋았던 옛날의 영국"을 대표하는 "지주계급"과 사회적 영향력을 가진 청교도로 양분되었다. 별 생각 없이 삶을 즐기는 것과 엄격히 통제되고 억제된 자기 규제와 관습적인 윤리적 구속, 이 두 특징은 영국인의 "민족성"에 나란히 나타나 있다. 마찬가지로 북미식민지의 초기 시절에도 연한(年限)계약 노동자의 노동력으로 농장을 건설하고 영주처럼 살려했던 "모험가"와 특별히 중산층적 삶을 지향하는 청교도가 날카롭게 대립한 바 있다.

- 막스 베버, 『프로테스탄티즘의 윤리와 자본주의 정신』

베버는 엄격히 통제되고 억제된 자기 규제와 관습적인 윤리적 구속 하에 중산층적 삶을 지향하는 청교도 정신을 근대 자본주의 정신으로 보았다. 귀족적인 봉건적 삶의 양식을 향유하지 않았기에 그 돈으로 자본주의적 투자가 가능했으며, 그 결과 근대 자본주의가 발전했다는 논리로 받아들일 수 있다. 즉 프로테스탄티즘의 청교도적 윤리가 근대 자본주의를 형성한 밑거름이 되었다는 것이다.

베버는 다분히 종교적인 주장을 하고 있다. 프로테스탄티즘을 바탕으로 한 근대 자본주의 형성과 유대인을 염두에 둔 천민자본주의라는 설정 자체가 상당히 기독교적인 발상이다.

이는 성경을 열심히 읽지 않고서는 제대로 이해할 수 없는 난제이다. 어쩌면 막스 베버의 『프로테스탄티즘의 윤리와 자본주의 정신』

은 사회과학 서적이라기 보다는 신학 서적으로 보는 게 합당할 수도 있다. 청교도 신학의 '예정설'과 '소명'이 등장하고, 영국의 청교도 목사로 유명한 리처드 박스터, 그리고 '웨스트민스터 신앙고백'으로 유명한 웨스트민스터 종교회의가 언급되는 이 책을 신학 서적이라고 보는 것이 타당하지 않을까? 그것은 엄격한 청교도였던 어머니의 종교적 신념이 베버에게 심어졌기 때문일 것이다. 청도교적 관점으로 세상을 바라보면 근대 자본주의의 형성은 프로테스탄티즘의 윤리에 기인한다.

이러한 관점은 타당한 것이다. 중세와 근대를 구분하는 기준은, 코페르니쿠스(1473~1543)의 과학적 성취로 인한 것이 아니라, 독일의 마르틴 루터(1483~1546), 스위스의 츠빙글리(1484~1531), 프랑스의 장 칼뱅(1509~1564), 스코틀랜드의 존 녹스(1514경~1572) 등의 종교개혁에 기인하기 때문이다.

다시 말해서, 중세와 근대를 구분하는 기준은 종교개혁이며 종교개혁의 프로테스탄티즘 윤리가 근대 자본주의 형성의 밑거름이 되었다고 보는 것이 타당하다.

한 가지 아쉬운 것은, '천민자본주의'를 거론하게 된 유대인에 대한 베버의 관점이 올바른 시각이라고 할 수 없다는 점이다.

'천민자본주의'의 '천민'은 아마도 유대인들의 '선민의식'에 반하는 표현 같은데, 유대인들이 과연 하나님께 선택받은 민족으로서 갖고 있던 '선민의식'을 스스로 버릴 수 있을까 하는 의문이 든다. 중세의 기독교가 국가적 권력의 맹위를 떨쳤다 할지라도 유대인들이 상업과 금융업에 치중했다고 해서, 유대인들 스스로가 천민을 자처했다고 보기는 힘들지 않을까?

'천민자본주의'에 대한 베버의 의식은 유대인들에 대한 크리스천들의 터무니없는 편견과 선입견에서 초래되었을 가능성이 높다. 그 편견과 선입견은 오늘날에도 이어지고 있다. 유대인들에 대한 크리스천들의 편견이란 다름 아닌, 유대인들이 예수님을 죽였다는 것이다.

이는 기독교의 기본 교리에 비춰보더라도 상당히 잘못된 편견이다. 유대인들이 예수님을 죽였다는 것은 역사적 진실이다. 하지만 다시 한 번 곰곰이 생각해 봐야 한다. 예수님이 십자가에 못 박혀 피를 흘리며 죽으신 이유가 무엇인가? 아담의 원죄에서부터 오랜 세월 전이되어 내려오던 인류의 죄를 씻기 위해서가 아닌가. 그게 기독교의 근본 교리이다. 그렇다면 예수님이 죽으신 것은 그 누구도 아닌

나를 위해서 죽으신 것이며, 그 누구도 아닌 바로 내가 예수님을 죽게 한 것이 된다. 성경 말씀에 "그가 찔림은 우리의 허물 때문이요 그가 상함은 우리의 죄악 때문이라 그가 징계를 받으므로 우리는 평화를 누리고 그가 채찍에 맞으므로 우리는 나음을 받았도다"(이사야 53:5)라고 하셨으니, 예수님을 살해한 건 바로 나, 우리 크리스천들이다.

이토록 자명하게 드러나는 교리적 진리를 외면한 채, 유대인들에게 그 죄를 뒤집어씌우는 것은 참으로 무책임하고도 어리석은 행위임을 지금이라두 인식해야 한다. 우리가 십자가 앞에 무릎을 꿇고 자비와 용서를 구하며 기도를 올리는 이유는 바로 우리가 예수님의 살해자이기 때문이다.

'합리적인 이윤 추구'와 '검약하고 절제하는 생활'

'천민자본주의'는 이처럼 다양한 논의를 전개시킬 수 있는 용어임에도 불구하고 전근대적인 '부적절한 용어'라고 할 수 있다. 지금도 자주 사용되고 있는 이 용어는 막스 베버의 부적절한 편견에서 나온 만큼 가능한 한 그 사용이 자제되어야 한다. 이 용어가 갖고 있는 종교적 성찰을 떠나서라도 우리 시대의 자본가, 혹은 부자들을

'천민'이라고 할 수는 없기 때문이다.

그런데 수능 문제는 이러한 논란을 잘 피해가고 있다. '천민자본주의 현상'이라고 하지 않고 '천민자본주의적인 현상'이라고 표현했기 때문이다. 따라서 용어의 부적절한 기원에도 불구하고 이 문제에 이의를 제기할 수는 없다.

천민자본주의를 파악하고 있으면, 이 문제는 금세 해결된다. 중세의 기독교 국가에서 살아남기 위한 방편으로 유대인들 스스로가 몸을 굽혀 '천민'임을 자처하며 제도권에 기생했다고 한다면, 자의든 타의든 정치권력과 손을 잡은 경제 주체가 이윤을 합리적으로 추구하며 검약하고 절제하는 생활을 했을 리 만무하다. 따라서 정답은 ⑤번의 '합리적인 이윤추구'와 '검약하고 절제하는 생활'이 된다.

'천민자본주의적인 현상'은 경제학에서 자주 거론되는 '공유지의 비극'으로 설명될 수 있다. '공유지의 비극'이 지문으로 나왔던 '서울대 2001학년도 지필고사 문제'를 살펴보자.

서울대 2001학년도 수시 지필고사

문제　제시문과 관련하여, 철수는 "공유지의 비극은 기본적으로 각 농가의 시민의식이 미흡하기 때문에 발생하는 것이며, 따라서 이를 해결하기 위해서는 무엇보다 시민의식의 개선이 필요하다"라고 주장하고 있다. 반면, 영희는 "공유지의 비극은 기본적으로 개인간의 관계를 적절히 조율할 수 있는 제도가 미흡하기 때문에 발생하는 것이며, 따라서 이를 해결하기 위해서는 무엇보다 제도의 마련이 필요하다"라고 주장하고 있다. 두 사람의 상반된 주장에 대한 자신의 견해를 논술하라.

제시문 어떤 마을에 일정한 크기의 목초지가 있고, 이 목초지는 마을의 모든 농가에게 가축을 방목할 수 있도록 개방되어 있는 공유지라고 가정하자. 이때 각 농가는 자신의 가축을 이 공유지에서 가능한 한 많이 키우려 할 것이다. 각 농가의 이러한 시도는 공유지가 가축들로 붐비기 이전까지는 크게 문제시되지 않을 것이다. 그러나 공유지가 각 농가의 가축들로 붐비기 시작할 때 각 농가는 공유지의 목초가 자신과 다른 농가의 모든 가축들을 기르기에 충분한가에 대하여 걱정해야만 한다. 그렇지만 실제로 개인이익의 극대화를 추구하는 각 농가는 공유지의 가축 수용능력을 걱정하기보다는 공유지에서 방목하는 자신의 가축 수를 늘리는 일에 골몰하게 되고 이에 따라 마을의 모든 농가가 손해를 보게 되는 현상이 발생하게 된다.

왜 각 농가는 이러한 문제상황에 이르기까지 자신의 가축을 공유지에 추가적으로 투입하는 일을 그치지 않게 되는가? 이 마을의 각 농가가 공유지에서 자신의 가축을 추가적으로 방목할 것인가의 여부를 고려하고 있다고 가정하자. 합리적으로 생각한다면 각 농가는 공유지에 자신의 가축을 추가적으로 방목하는 데 따라 생기는 기대수익과 기대비용을 비교하여 수익이 비용보다

많을 것으로 판단되면 추가적으로 방목할 것을 결정할 것이고, 반대로 기대
비용이 기대수익을 초과할 것으로 판단되면 추가적인 방목을 포기할 것이다.
이 경우, 각 농가의 기대수익은 각 농가가 추가적으로 공유지에 투입한 가축
을 길러 팔거나 그로부터 생산되는 우유를 판매한 대금이 될 것이며 그 크기
는 100만 원이라고 가정하자.

한편 각 농가의 기대비용은 가축의 추가방목 이후 목초의 부족으로 인하여
비롯되는 가축의 발육부전 등을 금액으로 환산한 것이 될 것이며 이의 크기
를 수익의 크기와 같은 100만 원으로 보자. 만일 각 농가가 부담하는 비용의
크기가 100만 원 이상이면 각 농가는 공유지에서의 추가적인 방목을 포기하
게 될 것이다.

그러나 추가방목에 따른 수익은 각 농가가 혼자 차지하지만 비용은 다른 농
가와 함께 부담하게 되므로 각 농가가 실제로 부담해야 하는 비용은 기대수
익의 크기인 100만 원에 훨씬 못 미치게 될 것이다. 즉, 각 농가의 기대수익
이 기대비용을 초과하게 되는 것이다. 그러므로 각 농가는 이러한 판단에 기
초하여 추가적인 방목을 시도하게 될 것이며 이에 따라 유한한 공유지에서
각 농가의 추가방목 경쟁이 벌어지게 된다. 그리고 이러한 현상이 계속될 때,
공유지는 필연적으로 어느 농가의 가축도 기를 수 없는 황무지로 변하고 만
다. 개인이익만의 추구가 모두의 이익을 저해하게 되는 것이다. 우리는 이러
한 현상을 가리켜 ‘공유지의 비극(tragedy of commons)’ 이라고 부른다.

이 '공유지의 비극'이 '서울대 2006학년도 정시 논술고사'에서는 '공유의 비극'으로 다시 한번 출제되었다. 중요한 내용이기 때문에 거듭 출제되는 것이다. 서울대뿐만 아니라 '동국대 2004학년도 수시 1학기 논술고사'에도 출제되었다.

'공유지의 비극'이란 개릿 하딘이 1968년에 과학잡지인 「사이언스」에서 언급했던 용어로서 "일정한 크기의 목초지를 마을의 모든 농가에게 가축을 방목할 수 있도록 공유지로 개방하면, 유한한 공유지에서 각 농가의 추가방목 경쟁이 벌어지게 되어 그 공유지는 필연적으로 어느 농가의 가축도 기를 수 없는 황무지로 변하고 만다"는, 경제학에서 주로 다루어지는 주제이다.

사회탐구영역의 학습 내용들이 논술고사와 바로 연결되는 것이다. 이러한 경제학적 개념의 주제 중에서, 서울대의 '2005학년도 논술 모의고사'와 '2008학년도 1차 예시문항'에 등장했던 '칼 폴라니'의 글들을 살펴보면 자본주의의 흐름을 파악하는 데 많은 도움을 줄 것이다.

미국의 경제학자인 칼 폴라니(1886~1964)의 '자기조정적 시장기능'과 '사회 방어의 원리'는 실전논술에서뿐만 아니라 사회탐구영역에서도 상당히 중요한 개념이다. 잘 정리해 두기 바란다.

이러한 경제적 개념들은 '정의란 무엇인가'라는 문제로 곧장 연결된다. 여기에서의 정의란 정치에서의 정의일 수도 있고, 경제에서의 정의일 수도 있고, 윤리나 역사, 지리에서의 정의일 수도 있다. 실전 논술이 범교과적인 통합교과로 출제되는 것과 마찬가지로, 사회탐구 영역 또한 정치, 경제, 지리, 역사, 윤리, 법과 사회, 사회문화 등으로 세분화되어서 출제되기보다는 통합교과로 출제되고 있음을 알 수 있다. 예를 들면, 앞에서 살펴보았던 '천민자본주의' 문제를 윤리 문제로 볼 것인가 경제 문제로 볼 것인가, 그 경계선은 명확하지 않다.

'정의'라는 개념도 그렇다. 통합교과적인 기본 원리를 제시해 주고 있는 개념이기 때문이다. '정의'를 거론할 때 자주 등장하는 내용이 존 롤스의 『정의론』이다. 먼저 존 롤스의 『정의론』이 출제된 논술고사 지문부터 살펴보자.

서울대 2006학년도 정시 논술고사

제시1문

사상 체계의 제1 덕목을 진리라고 한다면 정의(正義)는 사회 제도의 제1 덕목이다. 이론이 아무리 정치(精緻)하고 간명하다 할지라도 그것이 진리가 아니라면 배척되거나 수정되어야 하듯이, 법이나 제도가 아무리 효율적이고 정연한 것일지라도 그것이 정당하지 못하면 개혁되거나 폐기되어야 한다. 모든 사람은 사회 전체의 복지라는 명목으로도 유린될 수 없는 정의에 입각한 불가침성을 가진다. 그러므로 정의(正義)에 따르면 타인들이 가지게 될 더 큰 선(善)을 위하여 소수의 자유를 빼앗는 것이 정당화될 수 없다. 다수가 누

릴 더 큰 이득을 위해서 소수에게 희생을 강요하는 것은 정의에 부합하지 않

는다. 그러므로 정의로운 사회에서는 동등한 시민적 자유란 이미 보장된 것

으로 간주되며, 따라서 정의에 의해 보장된 권리들은 어떠한 정치적 거래나

사회적 이득의 계산에도 좌우되지 않는다. 그보다 나은 이론이 없을 경우에

만 결함 있는 이론이나마 따르게 되듯이 부정의(不正義)는 그보다 큰 부정의

를 피하기 위해 필요한 경우에만 참을 수 있다. 인간 생활의 제1 덕목으로서

진리와 정의는 지극히 준엄한 것이다.

– 존 롤스, 『정의론』

동국대 2005학년도 수시 1학기 논술고사

제시1문 (가) John Rawls deduces that a just society is based on two principles. First of all, each person has the most extensive system of rights and freedoms which can be accorded equally to everyone. These include freedoms of speech, conscience, peaceful assembly, and so forth, as well as democratic rights. The first principle is absolute, and may never be violated, even for the sake of the second principle. However, various basic rights may be traded off against each other for the sake of obtaining the largest possible system of rights.

Secondly, economic and social inequalities are only justified if they benefit all of society, especially its most disadvantaged members. Furthermore, all economically and socially privileged positions must be open to all people equally. For example, it is only justified that a doctor makes more money than a grocery clerk so far as if this were not the case, no one go through the training to be a doctor, and there would be no medical care. Therefore, the doctor's greater salary benefits not only him, but all of society, including the grocery clerk, since it permits him to get medical care. Thus this particular economic inequality benefits all of society, and leaves all its members better off. Unlike the utilitarians, Rawls does not allow some people to suffer for the greater benefit of others.

더 이상의 부연 설명이 필요 없을 정도로 두 대학의 논술고사 지문을 보면 롤즈의 『정의론』이 잘 정리되어 있다(서울대의 지문 내용은 '고려대 2007학년도 수시 1학기 논술고사' 지문에도 출제됨). 게다가 동국대 지문은 영어로 나와 있어서 외국어영역과 사회탐구영역의 벽도 일시에 허물어지는 것을 볼 수 있다.

정의란 무엇인가?

성경 말씀 중에 가장 중요하게 다루어지는 주제 중의 하나가 바로

‘하나님의 공의’라고 일컬어지는 ‘정의’의 문제이다.

> “오직 정의를 물같이, 공의를 마르지 않는 강같이 흐르게 할지어다.”
> “너희는, 다만 공의가 물처럼 흐르게 하고, 정의가 마르지 않는 강
> 처럼 흐르게 하여라.” (표준새번역)
> “But let justice roll on like a river, righteousness
> like a never-failing stream!” (NIV)

“공의가 물처럼 흐르게 하고, 정의가 마르지 않는 강처럼 흐르게 하라.” 구약의 아모스 5장 24절에 나오는 이 말씀을 처음 들었던 그 순간, 필자는 온몸의 피가 거꾸로 역류하는 듯한 전율을 느꼈다.

정의……. 우리 사회의 정의는 어디로 사라져 버렸는가?

사실 이 주제는 ‘공의’나 ‘정의’라는 단어를 언급하지 않아서 그렇지, 앞에서 몇 번 다뤘었다. ‘영어 학습법’에서 다루었던 ‘하나님의 거룩함’을 닮으려는 노력이 바로 ‘의롭다’ 하는 ‘정의’의 문제이다.

다시 말해서, 기독교의 ‘정의’는 ‘하나님의 의로움’이 곧 정의이기 때문에 하나님 앞에서는 누구든지 정의를 추구할 수 있다. 결과적으로 신 앞에서는 누구나 ‘평등’하게 되는 것이다.

이러한 ‘신 앞에서의 평등’은 자연법이 사회계약에 의한 실정법으로 자리를 잡아나가던 존 로크의 시대에 이르러서는 ‘법 앞에서의

평등'으로 바뀌게 된다. '법 앞에서의 평등'이라는 존 로크의 개념은
이 책 서문의 제일 첫 부분인 '공부복음'에서 밝힌 바 있다. 내신과
수능, 논술에서도 출제 가능성이 상당히 높은 주요 개념이기 때문에
이 책의 서두에서부터 점검하고 넘어갔던 것이다.

'법 앞에서의 평등'이라는 근대적 평등사상은 기독교에서 연유한
것이다. 신 앞에서의 평등이 정치·경제적 영역에도 적용되어야 한
다는 칼뱅주의 사상이 로크나 루소의 자연법 이론에 영향을 주어서
근대적 평등사상을 확립했기 때문이다.

칼뱅주의(기독교)에서 연유한 그 평등사상이 다시금 미국의 노예
해방 전쟁에도 영향을 미쳤으니, 정의가 마르지 않는 강물처럼 흐른
것이다.

답은 성경에 있다

우리 사회의 가장 큰 문제 중의 하나가 바로 정의롭지 못하다는
것이다. 죄의식들이 없다. 죄를 짓고도 뉘우치지 못하니 교도소의
교정교화 제도가 있으나마나다.

정치 문제로 들어가면 그 정의롭지 못함은 더욱 극명해진다. 한국
정치의 부패상은 구약시대에 등장하는 소돔과 고모라의 죄악보다

더하면 더했지 덜하지 않다. 사회탐구영역의 정치 문제에서 한참 밑으로 내려가서 초등학교 교과서에 나오는 정치의 원리와 원칙만 제대로 지켜도 우리의 정치수준은 단번에 수직상승할 것이다.

또한 요한일서 1장의 8절부터 10절 말씀을 잘 받아들이면 해결점이 보일 것이다.

> 만일 우리가 죄가 없다고 말하면 스스로 속이고 또 진리가 우리 속에 있지 아니할 것이요 만일 우리가 우리 죄를 자백하면 그는 미쁘시고 의로우사 우리 죄를 사하시며 우리를 모든 불의에서 깨끗하게 하신 것이요 만일 우리가 범죄하지 아니하였다 하면 하나님을 거짓말하는 이로 만드는 것이니 또한 그의 말씀이 우리 속에 있지 아니하니라.

그러나 이 말씀을 따르지 않는 사람들이 더 많다. 정의는 자신의 죄를 인식하고 자백하는 데서 출발하는데 그 죄를 인식조차 하지 못하고 있으니 참으로 안타까운 일이다. 그럴수록 우리는 성경에서 그 해답을 찾아야 한다. 윤리에서도 그렇고 경제에서도 그렇고 정치에서도 그렇고, 사회탐구 영역의 대부분의 논의는 성경을 바탕으로 한다. 막스 베버의 『프로테스탄티즘의 윤리와 자본주의 정신』만 봐도, 교회에 다니는 학생들이 사회탐구를 더 잘 이해할 수 있음은 불을 보듯 명확하다.

5 과학 학습법

– 신학과 과학의 만남

생육하고 번성하여 땅에 충만하라, 땅을 정복하라,
바다의 물고기와 하늘의 새와 땅에 움직이는 모든 생물을 다
스리라.

(창세기 1:28)

과학을 쓰고 있네요

"소설 쓰고 있네!"

이 말이 들려올 때마다 필자는 억울하다. 명색이 소설가라는 직함 속에 '언젠가는 멋진 소설을 한편 쓰리라!' 다짐하면서도 정작 허망한 세월만 보내고는 있지만, 한때 소설과의 순수한 동행을 했던 과거의 추억에 잦아들게 해서가 아니다.

특별히 필자를 겨냥해서 하는 말도 아닌데도 억울한 생각이 드는 이유는 "소설 쓰고 있네!"라는 말보다는 "과학 쓰고 있네!"라는 말이 더 정확한 표현으로 느껴지기 때문이다.

과학에 대한 비아냥거림이 아니다.

"소설 쓰고 있네!"라는 말은 어느 정도 소설을 비하하는 의미가

담겨 있지만, 필자가 "과학 쓰고 있네!"라고 하는 것은, 소설을 능가하는 놀라운 과학적 상상력과 스토리텔링(Storytelling)에 찬탄을 보내는 것이다. 인류의 역사는 스토리텔링의 역사였으며, 바야흐로 그 스토리텔링은 과학 속에서도 아주 재미있게 전개되고 있음을 발견할 수 있다.

한 가지 예를 들면, 미 항공우주국(NASA: National Aeronautics and Space Administration)의 정체성 같은 것이다. 대부분의 사람들이 생각하기를 나사(NASA)가 우주의 탐사와 개발을 주도적으로 수행하는 기관으로 알고 있지만, 필자의 생각은 전혀 다르다. 필자의 눈에 보이는 나사는 '신학과 과학의 만남이라는 프로젝트'를 전문적으로 수행하고 있는, 미 연방정부 산하의 '신학연구소'일 뿐이다. 나사가 중점적으로 연구하고 있는 천문학, 우주과학, 지구과학, 우주생물학은 오로지 성경의 비밀을 밝히고 우주와 생명의 기원을 밝힘으로써 하나님의 창조사역의 영광을 드러내고자 노력하는 신학적 탐구작업으로 느껴지는 것이다.

그러기에 과학은 재미있으며, "과학 쓰고 있네!"라는 말은 경탄의 찬사로 받아들여져야 한다. 소설보다 더욱 놀라운 상상력을 발휘하고 있는 과학탐구 영역 문제를 하나 살펴보자.

10. 다음은 사람과에 속하는 종의 일부를 나타낸 것이다.

· Australopithecus afarensis(오스트랄로피테쿠스 아파렌시스)

· Homo habilis(호모 하빌리스)

· Homo erectus(호모 에렉투스)

· Homo sapiens(호모 사피엔스)

이에 대한 설명으로 옳은 것을 〈보기〉에서 모두 고른 것은?

〈보 기〉

ㄱ. 위의 종들은 두 속으로 분류된다.

ㄴ. Homo erectus는 Australopithecus afarensis보다 뇌용량이 더

크다.

ㄷ. Homo sapiens와 유연관계가 가장 가까운 종은 Australopithecus

afarensis이다.

① ㄱ　　　② ㄴ　　　③ ㄱ, ㄴ　　　④ ㄱ, ㄷ　　　⑤ ㄱ, ㄴ, ㄷ

과학적 상상력이 특히 돋보이는 분야가 바로 고인류학을 바탕으로 한 진화생물학이다. 그 상상력은 교과서에 그대로 게재되어 유구

한 스토리텔링을 제공해 주고 있다.

'원숭이가 변해서 인간이 되었다!'

원숭이가 인간으로 변했다는 진화의 연결고리를 찾지 못했기에 재미없는 소설이 돼 버린다. 그 연결고리를 찾기 위해 부단히도 애쓰는 사람들은 그 연결고리를 찾지 못한채 오히려 창조론을 옹호하는 '신학의 전사'들처럼 여겨질 뿐이다.

원숭이가 진화해서 인간이 되었다는 과학적 증거도 없는 상태에서, 소설보다 더 소설 같기만 한 오스트랄로피테쿠스 아파렌시스, 호모 하빌리스, 호모 에렉투스, 호모 사피엔스 등등의 이야기가 과학의 이름으로 학교에서 가르쳐지고 수능시험에까지 출제되는 현실에는 분명 문제가 있다. 학생들에게 기어코 가르쳐야겠다면 과학시간보다는 국어시간에 가르치는 게 더 합당하다.

상황이 이러하니 "과학 쓰고 있네!"라는 표현은 과학의 이름으로 자행되고 있는 과학에 대한 모독행위, 제대로 된 스토리텔링은 제공해 주지 못한 채 어설픈 상상력이 만들어 낸 가설을 비유하는 것이다.

상상력에 의존하는 과학

'서울대 2008학년도 논술고사' 예시문항을 살펴보면, 상상력에 의존하는 과학의 정체성이 그대로 드러나고 있다.

"코끼리만큼 커진 개미, 또는 개미만큼 작아진 코끼리가 존재할 수 있는지 자신의 견해를 과학적으로 기술"하는 문제에 대한 서울대 측의 해설을 보면 잘 알 수 있다.

이 문제에 대해 서울대에선 "물리와 생물에 대한 배경 지식을 바탕으로 주어진 상항에 맞게 논리적으로 상상력을 펼치는 유형"이라는 해설을 덧붙였다.

주어진 상황에 맞게 논리적으로 상상력을 펼치는 유형…….

픽션도 주어진 상황에 맞게 논리적으로 상상력을 펼친다. 얼토당토 않는 픽션을 읽어줄 사람은 아무도 없기 때문이다.

상상력에 의해 존재한다는 점에서 과학과 픽션은 일맥상통하는 부분이 있다. 그런데도 우리는 과학에는 깊은 신뢰를 보이는 반면에 픽션에서 그려지고 있는 상상력은 '비현실적인 허구'로만 치부하는 그릇된 관습에 젖어 있다.

서울대 예시문항에서 볼 수 있는 것과 같이 과학은 '상상의 힘'에 의해 유지되기에, 상상력을 허용하지 않으면 과학은 일시에 붕괴된다. '부산대 2007학년도 정시 논술고사'에는 보다 흥미로운 문제가 출제되었다.

제시문

(가) 다윈은 자연에서도 한 생물 종의 많은 개체들 가운데 환경에 잘 적응하는 특성을 가진 개체들만이 생존 경쟁에서 살아남게 될 것이라고 생각하였다. 그러므로 이런 개체들이 경쟁을 통해 긴 세월 동안 계속해서 번식에 성공함으로써 선택될 수 있다는 것이다. 결과적으로 물리적 환경 조건 또는 개체들 사이의 경쟁은 특정 형질만을 선택하여 생물의 진화가 이루어지게 한다는 것이다.

다윈의 『종의 기원』에서 '기원'은 모든 생물체가 원시 유동체나 살아 있는 분자로부터 유래한 과정에 대한 언급이 아니라, 한 생물 종이 다른 종으로의 전환을 의미한다. 다윈은 궁극적인 생명의 기원에 대한 해석은 과학적 문제 이상의 것으로 생각하였다. 그러므로 다윈의 진화에 대한 논의는 자연에 많이 존재하고, 쉽게 관찰되는 생물의 변이로부터 시작된 것이다. 그러므로 다윈은 생물의 변화가 일어나는 진화라는 현상이 존재한다는 것은 너무도 당연하지만, 그 변화가 일어나는 기적을 설명하는 것은 훨씬 어려운 문제라고 설명하였다. 결국 다윈은 생물이 시간의 흐름에 따라 변화되는 진화의 기적을 자연 선택으로 설명할 수 있었고, 바로 자연 선택이 진화의 원동력이라고 주장한 것이다.

- 고등학교 교과서 『지구과학』과 『과학사』에서 발췌

(나) 진보의 개념은 수백 년 동안 그림자처럼 존재해 오다가 마침내 산업 혁명 시대에 서구인의 마음을 사로잡았다. 1835년 매콜리의 연설 한 대목을 들어 보자. "우리는 진보의 편에 섰습니다. (……) 영국의 역사는 결단코 진보의 역사입니다." 그리고 진보의 행진이 증기 기관과 연소 엔진을 달고 박차를 가하던 저 시대에 매콜리는 소리 높여 외친다.

이것은 이동의 속도를 높여 주었습니다. 이것은 거리의 제한을 없애 주었습니다. 이것은 모든 비즈니스의 신속한 처리를 원활하게 해 주었습니다. 이것이 있기에 인간은 저 깊은 바다 속까지 내려가고, 하늘 높이 날고, 땅 속 깊이 유해한 구석까지 안전하게 파고들고, 마차가 없어도 자동차로 대지를 누비고, 바람을 가르며 시속 10노트로 달리는 배로 바다를 횡단할 수 있게 되었습니다. (……) 이것은 결코 휴식을 모르고 결코 도달할 수 없고 결코 만족을 모르는 철학입니다. 이 법칙이 바로 진보입니다.

그리고 한쪽 모퉁이에서 『종의 기원』이 모습을 드러내고 있었다. 1859년에 발간된 이 책은 다음과 같은 유명한 말로 끝을 맺는다.

"오직 각 종(種)의 선(善)에 의해서 그리고 선(善)을 위해서 자연의 선택은 작동하기 때문에 모든 신체적·정신적인 천부적 자질은 완성을 지향하며 진보해 나갈 것이다."

- 제이 그리피스, 『시계 밖의 시간』

(다) 19세기의 사회과학자들은 사회를 성장 과정에 있는 일종의 유

기체로 보았다. 이 유기체는 단순한 것에서 복잡하고 조직적인 것으로, 무질서에서 질서로, 일반성에서 특수성으로 성장한다. 사회의 성장 과정은 몇 개의 단계로 구분되며 시작과 최종적 목표를 가진다. 이러한 사회의 성장이 곧 사회의 진보이며, 더 새롭고 더 진화된 사회가 더 나은 사회라는 것이었다.

당시의 저명한 인류학자 타일러(E. B. Tylor)와 모건(L. H. Morgan) 같은 이들은, 인간이 사용한 기술과 도구의 수준에 따라, 인간의 역사를 미개·야만·문명의 시기로 나누고, 인간의 역사는 '위로 발전해 나가는 역사'라고 주장하였다. 그들은 고정된 인류의 성장 단계상의 위치에 따라 각 문화들을 분류하고 성장의 양식과 메커니즘을 설명해 주는 척도를 고안하였다. 이들의 작업에는 세 가지 기본 가정이 전제되어 있었다. 첫째, 현존하는 사회들은 더 '원시적인 것' 또는 더 '문명화된 것'으로 분류되고 등급이 매겨질 수 있다. 둘째, 원시 사회와 문명 사회 사이에는 정해진 몇몇 단계가 존재한다. 셋째, 모든 사회는 속도는 상이하지만 동일한 순서로 이들 단계를 밟으며 진보한다.

이들 외에도 많은 학자들이 사회적 복잡성의 증가 또는 지적, 종교적, 심미적 세련의 정도에 따라 진보를 측정하려 하였다. 물론 그들은 인류 역사상 벌어졌던 많은 어려움과 좌절을 잘 알고 있었다. 하지만 진보는 엄연히 존재하고 시간은 결국 인간에게 이로운 개념이라는 사상이 그들 마음속 깊숙이 자리잡았다. 나아가 진화의 방향을 알 수 있다면 인간이 어떻게 행동해야 하는가도 알 수 있을 것이다. 예를 들어 스펜서는 진화는 종들을 더 길고 더 편안한 삶으로 그리고 자손들을 더 안전하게 키울 수 있는 방향으로 인도한다고 믿었다. 그러므로 인류의 사명은 이러한 가치들을 키워 나가는 것이다. 그리고 서로서로 협동하는 것이 그렇게 하는 방법이었다. 더 멋지게, '영구적으로 평화로운 사회'에서 살기 위해서 말이다.

- G. J. 휘트로, 『시간의 문화사』

부산대 논술고사는 "진보의 개념을 어떻게 이해해야 할지 논리적으로 서술"하는 문제이다.

제시문 (가)에 재미있는 문장이 등장한다. "다윈의 『종의 기원』에서 '기원'은 모든 생물체가 원시 유동체나 살아 있는 분자로부터 유래한 과정에 대한 언급이 아니라, 한 생물 종이 다른 종으로의 전환을 의미한다"는 구절이다. 『종의 기원』이 '종의 기원'에 대한 책이 아님을 밝히고 있는 부분이다. 그런데도 제시문 (나)의 저자는 『종의 기원』을 논리 전개의 근거로 인용하고 있으며, 제시문 (다)의 저자 또한 '진보'의 개념에 대해 언급하고 있을 뿐 '문명의 기원'에 대해서는 언급하지 않고 있다.

다시 말해서, 『종의 기원』이나 진화, 진보 등의 개념은 창조론과 반대·대립되는 개념이 아니라는 것이다.

그런데도 다윈의 『종의 기원』이 마치 '종의 기원'을 밝힌 책이라도 되는 것처럼 창조론과 반대·대립되는 개념으로 받아들여진 것은 당시의 시대적 분위기에 기인했다고 할 수 있다. 『종의 기원』이

1859년에 출판되었고 미국의 남북전쟁이 1861년에 발발했다는 사실을 눈여겨보면, 『종의 기원』이 확대·재생산될 수 있는 사회적 분위기가 무르익어 있었음을 알 수 있다. 다시 말해서, 인간은 하나님의 창조물이 아니라 원숭이에서 비롯되었다는 이야기가 노예해방 운동에 당위성을 실어준 것이다. "너도 나도 똑같은 원숭이의 자손인데, '너는 노예를 부리는 주인, 나는 노예'라는 구분은 있을 수 없다"는 논리이다.

다른 많은 원인이 있겠지만, 19세기 후반의 노예해방 운동과 사회적·정치적 개혁운동 등의 시대적 분위기가 다윈의 주장을 전혀 엉뚱한 방향으로 퍼뜨리게 된 것이며, 그 해석이 오늘날에도 이어지고 있는 것이다.

허블의 법칙

엉터리 과학이 아닌 진정한 과학은 하나님의 영광을 드러내기 위해 존재한다. 과학은 하나님의 지상명령이다. 창세기 1장 28절에 그 명령이 명시되어 있다.

"생육하고 번성하여 땅에 충만하라, 땅을 정복하라, 바다의 물고기와 하늘의 새와 땅에 움직이는 모든 생물을 다스리라."

생육하고 번성하여 땅에 충만하고 땅을 정복하려면, 바다의 고기와 공중의 새와 땅 위에서 살아 움직이는 모든 생물을 다스리려면, 그로써 하나님의 영광을 드러내려면 과학을 해야 한다.

에드윈 허블이 1929년에 발견한 허블의 법칙은 우주가 팽창하고 그 나이가 유한함을 보여줌으로써, 하나님의 창조사역의 영광을 드러낸 대발견이었다.

이어서 발견된 '태초의 빛'은 1부의 '광야 학습법'에서 언급한 적이 있다. "태초의 빛은 천문학자의 발견으로 과학적으로 이미 검증된 사실이다. 천문학자인 펜지어스와 윌슨은 빅뱅의 불덩어리가 전자기파의 형태로 남은 일종의 메아리인 '태초의 빛'을 포착해 천문학의 가장 권위있는 학술지인 천체물리학 저널에 1965년 게재했다"는 내용이다.

그런데 이 내용이 논술 모의고사에 출제된 적이 있었다는 사실을 아는 독자들은 그리 많지 않을 것이다. 벨연구소의 펜지어스와 윌슨은 '경희대 2003학년 논술 모의고사'에 나왔었다. 상상 속의 픽션으로 그냥 흘려들을 수도 있는 이야기들이 대입 모의고사에 출제되고 있는 것이다.

1. 현대의 우주론은 1930년경 비로소 시작되었다. 프리드만은 아인슈타인 방정식으로부터 빅뱅 이론을 발견했다. 이 이론에 따르면 우주는 무한대에 가까운 초고압 상태에서 격렬한 폭발의 여파로 계속 확장되고 있다. 그러나 아인슈타인은 이 우주의 모습이 시간의 흐름에 따라 변하지는 않는다고 확신했기 때문에, 프리드만의 연구 결과에 치명적인 오류가 있음을 지적하는 짤막한 기사를 모 잡지에 기고하였다. 그러나 8개월 뒤에 프리드만은 자신의 논리에 전혀 오류가 없다는 것을 증명하여 아인슈타인을 납득시키는 데 성공했다. 그로부터 5년이 지난 뒤 허블의 관측자료에 의하면 우주는 정말로 팽창하고 있었다. 이리하여 빅뱅 이론은 우주론의 정설로 받아들여지게 되었다.

2. 우주가 특이한 초고밀도 상태로부터 폭발하면서 시작되었다는 이론에는 결함이 있다. 만유인력의 법칙을 수정하지 않더라도 우주가 팽창하고 있는 사실에서 우주가 폭발한 시초를 추측하는 것은 반드시 옳다고만 할 수 없다. 이러한 추측은 현재 존재하는 모든 물질이 과거에도 역시 존재했었을 것이라는 사실을 전제로 하고 있기 때문이다. 만일에 현존하는 많은 원자가 과거에는 없었고 또 미래의 우주에 있게 될 원자들이 현재 아직도 태어나지 않고 있다고 하면 어떻게 될까? 이러한 생각은 모든 원자가 과거의 어느 특정한

시기에 한꺼번에 폭발적으로 만들어진 것이 아니라 연속적으로 만들어지고 있다고 보는 셈이다.

3. 천문학자들은 얻은 관측자료들로부터 우주가 팽창하고 있다는 빅뱅이론의 진위 여부를 검증하고 있는데, 지금까지 얻어진 결과는 한결같이 긍정적이다. 그 결과 중 하나가 '우주 배경 복사'이다. 1965년 벨연구소의 펜지어스와 윌슨은 시그널을 분석하던 중에 이 시대 최고의 발견인 빅뱅의 잔광을 발견하였다. 1990년대에는 NASA에서 COBE 위성을 이용하여 우주공간이 절대온도 2.7도의 마이크로 복사파로 가득 차 있다는 사실을 알아냈다. 이는 빅뱅이론이 예견한 값과 정확하게 일치했다.

제시문 B의 3번에 펜지어스와 윌슨이 나온다. 직접 확인하고 나니 '신학과 과학'이 과학탐구에 있어서 얼마나 중요한 탐구방법인가를 잘 알 수 있을 것이다.

성경 이야기를 기반으로 한 신학과 과학, 그리고 논술은 서로 긴밀하게 연결되어 있다. 2006년 11월 13일자 『타임지』의 커버스토리였던 '신 대 과학(God vs. Science)'이 좋은 예라고 할 수 있다. 'God vs. Science'는 제목 그대로, "종교와 과학이 조화를 이룰 수 있는가?"를 진지하게 묻고 있다.

『타임지』의 예에서 보듯이 '신학과 과학'은 이제 더 이상 피할 수

없는 주제가 되어 버렸다. '나사(NASA)'를 신학연구의 전초기지로
보고 과학은 신학의 증거를 위해 복무한다는 깊은 믿음을 가진 과학
자들이 적극 나서서 상상력과 가설, 논변에만 의존하는 과학을 참된
과학으로 이끌어가야 할 것이다.

'God vs. Science'라는 『타임지』 기사의 제목은 '신 대 인간'이라
는 제목이나 마찬가지이다. 차마 '신 대 인간'이라고 하기엔 조금 뭐
하니 '신 대 과학'이라는 제목을 뽑았을 것이다.

『이기적 유전자』는 창조론을 증명하고 있다

아니나 다를까, 과학적 지식을 하나님께 저항하는 데 사용하고 있
는 리처드 도킨스의 인터뷰가 이어지고 있었다. 『이기적 유전자』라
는 책으로 널리 알려져 있는 리처드 도킨스는 옥스퍼드대의 생물학
교수이다.

리처드 도킨스는 진화론자일까 창조론자일까? 리처드 도킨스는
다윈의 이론을 철저히 이어받은 다윈주의자로 알려져 있지만, 필자
의 눈에는 '진화론자로 위장한 창조론자'로 보인다. 도킨스가 『이기
적 유전자』에서 주장한 이야기가 사실이고 인간은 자기를 복제하는
이기적 유전자에 의해 창조된 기계에 불과하다면, 그의 주장 속에

창조론이 그대로 드러나기 때문이다. 도킨스의 주장을 세밀하게 뜯어보면 다음과 같이 된다.

인간은 자기를 복제하는 이기적 유전자에 의해 창조된 생존기계이다.

➡ '나'라는 기계적 인간은 자기를 복제하는 이기적 유전자를 지닌 인간에 의해 창조되었다.

➡ 이 이기적 유전자는 자기를 "복제하는" 능력을 지니고 있기 때문에 엄밀한 의미에서의 진화는 이루어지지 않으며, 다만 자신을 복제하여 새로운 인간을 창조할 뿐이다.

➡ 이 이기적 유전자는 인간의 몸속에 있고, 인간이 없으면 그 유전자도 있을 수 없으며, 그 유전자는 자기를 복제하는 능력을 지녔기에, 이기적 유전자를 지닌 태초의 인간은 지금의 인간과 다르지 않다.

➡ 거꾸로 계속 거슬러 올라가면 이기적 유전자를 지닌 태초의 인간은 누가 창조했는가?

➡ 원숭이는 아니다. 원숭이가 자기를 복제하는 이기적 유전자를 지니고 있었다면 현재의 인간은 원숭이 모습이어야 하며 원숭이와 유전자가 동일해야 하기 때문이다.

➡ 따라서 원숭이가 진화해서 인간이 되었다는 진화론이 잘못되었다는 것을 『이기적 유전자』는 잘 보여주고 있다.

 예수님이 가르쳐준 공부법

→ 그러나 도킨스는 여기에서 말장난을 부린다. '자기 복제자'인 유전자는 우연히 생겨난 특별한 분자이며, DNA 분자는 때로는 오류를 범하는데, 이러한 '변종 자기 복제자'가 진화를 가능케 했다고 한다.

→ 더욱 흥미로운 것은 '자기 복제자'인 유전자가 '변종 자기 복제자'로 진화하는 과정의 근거로 성경의 '동정녀 탄생'을 끌어온 것이다. 「나는 그리스어역 구약 성서를 만든 학자들이 '젊은 여성'이라는 히브리어를 '처녀'라는 그리스어로 오역하여 "보라 처녀가 아들을 잉태하여……"라고 하는 예언을 덧붙였을 때 그들은 대단한 것을 출발시켰다고 생각된다.」(『이기적 유전자』, 리처드 도킨스 지음, 홍영남 옮김, 을유문화사, 41쪽)

→ "그러므로 주께서 친히 징조를 너희에게 주실 것이라 보라 처녀가 잉태하여 아들을 낳을 것이요 그의 이름을 임마누엘이라 하리라"는 구약의 이사야 7장 14절 말씀을 인용한 것이다. 구약의 선지자 이사야의 예언은 신약에서 그대로 실현된다. "이 모든 일이 된 것은 주께서 선지자로 하신 말씀을 이루려 하심이니 이르시되 보라 처녀가 잉태하여 아들을 낳을 것이요 그의 이름은 임마누엘이라 하리라 하셨으니 이를 번역하면 하나님이 우리와 함께 계시다 함이라"(마태복음 1:22-23)는 말씀으로 이루어진 것이다.

여기서 도킨스가 지적한 것은, 마태복음에서의 '처녀'라는 표현은 마태복음의 저자인 마태가 "처녀가 잉태하여 아들을 낳을 것이요"라는 이사야 7장 14절 말씀을 인용한 것으로, 이는 '젊은 여자'를 뜻하는 히브리어 '알마(almah)'라는 단어를 '처녀'를 뜻하는 희랍어 '파르테노스(parthenos)'로 오역한 70인역을 인용한 것이라는 주장이다. 도킨스의 이러한 주장은 신학에서의 '동정녀 탄생론을 비판하는 구약성서에 근거한 역사적 신화설'을 따른 것이다. 다시 말해서, 동정녀 탄생설을 '구약성서의 오역에 기초한 역사적 신화'일 뿐이라고 주장하고 있는 것이다.

→ 도킨스의 비유에 의하면, '젊은 여자'를 뜻하는 히브리어 '알마(almah)'는 태초의 '자기 복제자'가 되고, 처녀를 뜻하는 희랍어 '파르테노스(parthenos)'는 '변종 자기 복제자'가 된다. 즉 '젊은 여자'라는 DNA가 성서의 오역에 의한 복제 오류로 인해 '처녀'라는 '변종 자기 복제자'로 진화하였으며, 이후 '처녀'라는 '변종 자기 복제자'가 계속 복제되어, '처녀가 잉태하여 아이를 낳았다'는 동정녀 탄생론이 대세를 이루게 되었다는 것이다.

→ '동정녀 탄생론'에 대한 논의는 잠시 뒤로 미루기로 하고, 히브리어 '알마(almah)'라는 태초의 '자기 복제자'는 어디에서 연유했는가를 따져 보자. 도킨스가 성경을 근거로 얘기했기 때문에, 우리도 성경을 근거로 얘기할 수밖에 없다. 과학을 신봉하는 생물학자는 성경을 인용해도 되고, 일반인은 성경을 인용해서는 안 된

다는 법칙은 없기 때문이다. 과학자는 성경을 과학의 근거로 삼
아도 되지만, 성경의 내용이 비과학적이기 때문에 일반인은 성경
을 논증의 근거로 삼지 말아야 한다면, 그건 너무 억울하다.

→ 성경을 근거로 태초의 '자기 복제자'를 추적해 보면, '젊은 여자'
는 아담의 아내인 하와에게서 복제된 것이며, 하와는 아담을 복
제한 것이며, 아담은 하나님의 형상대로 복제되었다. 다시 말해
서, 태초의 자기 복제자는 하나님이 되는 것이다.

→ 『이기적 유전자』라는 책이 창조론을 증명하고 있다는 것을 너무
도 잘 보여주고 있는 대목이다. 도킨스의 논리에 의하면, 진화론
이라는 사유는 창조론이라는 사유가 '변종 자기 복제' 된 것에 불
과하다.

도킨스의 주장이 돌풍을 일으키며 세계 각국에 퍼져나간 것은 판
타지에 열광하는 서구 사회의 독서습관을 잘 보여주고 있다. 혹은,
창조론을 옹호하고 있는 과학서적에 기뻐하는 서구 기독교 사회의
현상을 보여주고 있는 것이다.

우리의 싸우는 무기는 육신에 속한 것이 아니요 오직 어떤 견고한
진도 무너뜨리는 하나님의 능력이라 모든 이론을 무너뜨리며 하나
님 아는 것을 대적하여 높아진 것을 다 무너뜨리고 모든 생각을 사

로잡아 그리스도에게 복종하게 하니.

(고린도후서 10:4-5)

기독교에 헌신하는 도킨스의 주장은 우리의 논술고사에도 등장하고 있다. 어떤 모습으로 슬며시 고개를 내밀고 있는지 한번 살펴보기로 하자.

서울대 2008학년도 논술 2차 예시문항

〈문항 5의 제시문〉의 일부

과학이 무신론이고 윤리와는 거리가 멀다는 견해는 스페인의 철학자 오르테가 이 가세트가 말하는 '문화인'들 사이에서 과학에 대한 반감을 더욱 부채질하곤 했다. 이 두 가지 반감의 원인이 타당한 것인지는 좀더 살펴볼 필요가 있다. 사실 과학자도 신의 존재를 믿을 수 있고, 더 나아가 신의 존재에 대한 과학적 증거를 찾으려 할 수도 있다. 무신론자들에게는 이것이 지루한 과학과 극단적 기독교의 만남 정도로 보일지도 모른다. 그러나 어느 누구도 제임스 클러크 맥스웰 같이 저명한 과학자가 분자구조를 이용해서 신의 존재를 증명하려 했던 것을 비웃을 수는 없다.

물론 과학자들 중에는 무신론자도 많이 있다. 동물학자인 도킨스는, 모든 종교는 무한히 복제되는 정신적 바이러스일지도 모른다는 의심을 갖고 있었다. 그러나 확고한 유신론자들의 관점에서는 이 모든 과학적 발견 역시 신에 의해 계획된 것을 발견한 것이므로 종교적 지식이라고 할 수도 있다. 따라서 과학의 본질을 무조건 비종교적이라고 간주할 수는 없을 것이다.

오히려 과학자나 종교학자가 모두 진리를 찾으려고 한다는 점에서 과학과 신학은 동일한 목적을 추구한다고도 할 수 있다. 과학이 물리적 우주에 관한 진리를 찾는 것이라면, 신학은 신에 관한 진리를 찾는 것이다. 그러나 신학자들이나 혹은 어느 정도 신학적인 관점을 가진 사람들은 신이 우주를 창조했다고 믿고 우주를 통해 신과 만날 수 있다고 믿기 때문에 신과 우주가 근본적으로는 뚜렷이 구분되는 대상이 절대 아니라고 생각한다.

사실 많은 과학자들이 과학과 종교는 서로 대립되는 개념이라고 주장하기도 한다. 신경심리학자인 리처드 그레고리는 '과학이 전통적인 믿음을 받아들이기보다는 모든 것에 질문을 던지기 때문에 과학과 종교는 근본적으로 다른 반대의 자세를 가지고 있다'고 주장한 바가 있다. 그러나 이것은 종교가 가지고 있는 변화의 능력을 과소평가한 것이다. 유럽에서 일어난 모든 종교 개혁운동은 전통적 믿음을 받아들이지 않으려는 시도였다.

과학은 증거에 의존하는 반면 종교는 계시된 사실에 의존한다는 점에서 이들 간에 극복할 수 없는 차이점이 존재한다는 반론을 제기할 수도 있다. 그러나 종교인들에게는 계시된 사실이 바로 증거이다. 지속적으로 신에 관한 증거들에 대해 회의하고 재해석하려고 한다는 점에서 신학을 과학이라고 간주하더라도 결코 모순은 아니다. 사실 그것을 신학이라고 부르기 때문에 신의 존재를 전제로 하고 있는 것처럼 보인다. 그러나 우리가 본 바와 같이 과학적 연구가 몇몇 과학자를 신에게 인도했던 것처럼, 신학연구가 그 신학자를 무신론자로 만들지 않을 이유는 없다.

과학의 정반대에 서 있는 것은 신학이 아니라 오히려 정치이다. 과학은 지식의 범주에 있지만, 정치는 견해의 범주에 속한다. 정치는 좋아하느냐 마느냐를 문제 삼는 분야로, 단지 말잔치를 통해 진리의 위치로 상승하기 위해 안간힘을 쓴다. 정치는 인물과 웅변술에 의존하고, 사회계층과 인종, 그리고 민족을 핵심적인 요소로 하고 있다. 이런 모든 것들은 과학과 아무런 관계가 없다. 그리고 정치는 갈등을 기반으로 존재하고 적대세력을 가지고 있어야 한다. 이러한 대립구도가 와해된다면 정치는 더 이상 존재할 수가 없다. 즉 완벽한 의견일치를 보이는 세상에서는 정치가 존재할 수 없다.

- 존 캐리, 『지식의 원전』

두 번째 단락에 '동물학자인 도킨스'가 등장한다. 도킨스는 여기서도 "동물학자인 도킨스는, 모든 종교는 무한히 복제되는 정신적 바이러스일지도 모른다는 의심을 갖고 있었다"고 설명됨으로써, '무한히 복제되는 정신적 바이러스'라는 창조론을 강력히 주장하고 있다. 다음 문장에 바로 나온다.

"그러나 확고한 유신론자들의 관점에서는 이 모든 과학적 발견 역시 신에 의해 계획된 것을 발견한 것이므로 종교적 지식이라고 할 수도 있다. 따라서 과학의 본질을 무조건 비종교적이라고 간주할 수는 없을 것이다." 우리가 '과학 학습법'에서 그동안 나누었던 이야기들이다. 미 항공우주국은 연방정부 산하의 신학연구소이고, 에드윈 허블과 태초의 빛, 리처드 도킨스의 『이기적 유전자』, 그리고 수능 과학탐구영역의 기출문제까지도, '과학은 신학을 위해 존재한다'는 것을 잘 보여주고 있다.

진화론을 옹호하는 존 캐리의 주장조차도 신학을 위해 복무하고 있다. 생략된 제시문에서 그는 이렇게 고백한다.

"나로서는 내가 다른 동물들과 가까운 친족관계라는 것이 자랑스럽다. 나는 나의 유인원 조상들을 선망하며, 그들이 자랑스럽다. 내가 한때는 숲 속에 사는 무수히 많은 털을 가진 유인원이었으며, 바다의 한천류로부터 활유어, 물고기, 공룡, 그리고 원숭이를 거치는 지질학적 시간대를 통해 지금의 내 틀이 완성되었다는 생각은 언제나 나를 즐겁게 한다. 누가 이런 생각을 에덴동산에서 어슬렁대는 한 쌍의 남녀와 바꾸려 들까?"

그런데 이건 아니라고 생각한다. 진화론자들은 동물을 사랑하고 자랑스럽게 여기는 따뜻한 마음의 소유자인 반면, 창조론자들은 동물이 자신의 조상이었다는 것을 부끄럽게 생각하는 것으로 서술하고 있는 것이다. 지구의 연령을 추정하는 것으로 사용되어온 방사성동위원소법이 무너지고 있는 상황을 인지하지 못한 채 '지질학적 시간대'를 언급한 것은 오히려 창조론을 옹호하는 발언일 뿐이다.

동물을 자랑스럽게 여긴다는 지극히 심인적인 심리적 요인과 무너져 버린 방사성동위원소법, 그리고 거짓으로 판명되어온 화석 외에는 진화론을 내세울 만한 게 또 무엇이 있는가?

증명할 수 없는 가설은 더 이상 과학이 아니다. 오늘날의 진화론이 살아남을 수 있는 방법은 딱 한 가지, 진화론이라는 학문적 범주를 과학에서 문학이나 사회학으로 옮기는 것뿐이다. 증명할 수 없는 가설은 새로운 장르의 소설일 뿐이다. 『이기적 유전자』의 리처드 도킨스도 그 점을 스스로 밝히고 있다. 이 책의 초판 서문은 이런 고백으로 시작하고 있다.

"이 책은 거의 공상 과학 소설처럼 읽어야 한다. 왜냐하면 상상력을 불러일으키려고 의도했기 때문이다. 그러나 이 책은 공상 과학 소설이 아니고 과학이다. 사실 소설보다 기이하다라는 것이 진부한 표현인지는 몰라도 그것은 내가 진실에 대해 어떻게 느끼고 있는지를 정확하게 나타내고 있다."

도킨스는 자신의 책이 '공상 과학 소설보다 더 기이한 과학'임을 분명히 밝히고 있다. 소설보다 더 공상적이고 소설보다 더 환상적이며 소설보다 더 기이한 장르가 바로 과학임을 분명히 밝히고 있는 것이다. 과학을 잘하는 본질적인 힘은 바로 '상상력'이다.

수학과 성경이 깊은 관련을 맺고 있는 것처럼 과학도 신학과 깊이 연결되어 있다.

이를 보다 깊이 이해하고, 성경을 바탕으로 한 과학탐구를 보다 공고히 해나가기 위해서는 '신학과 과학의 만남'이라는 시리즈물을 모아서 정독해 볼 필요가 있다.

이 장(章)의 제목이기도 한 '신학과 과학의 만남'은 「국민일보」에서 연재되었던 특집물이다. 성경적 세계관을 바탕으로 쓰여진 이 연재물들은 과학의 기초를 확립하는 데 상당히 많은 도움을 준다. 몇 가지를 정리해 보면 다음과 같다.

— 시간의 창조 : 아인슈타인의 일반 상대성이론, 블랙홀, 빅뱅이론, 크로노스와 카이로스

— 획득형질의 신비 : 유전학의 획득형질

— 열역학법칙 : 열역학법칙, 엔트로피

— 노아홍수 : 지진해일

— 소돔과 고모라 : 지진과 화산폭발

— 물 순환의 신비 : 물의 순환, 기상과학과 대기과학

— 요나의 기적 : 상어의 종류

─ 아담의 창조 : 원소주기율표, 생화학, 재료공학, 지질학

─ 여리고성 : 공명, 지진

─ 마라의 쓴물 : 물속의 수소이온농도(pH)에 따라 산성, 중성, 알칼

 리수로 구분

─ 복제인간과 영혼 : 복제인간

─ 소리의 과학 : 소리의 전파속도

─ 생물Ⅱ 교과서의 오류 : 오파린과 홀데인의 가설, 밀러와 유리의

 실험, 헤켈의 배 발생

─ 원숭이 진화 가능성 : 분자생물학, 돌연변이

─ 단백질 : 생명체의 구성단위, 아미노산

─ 불타지 않는 떨기나무 : 산화반응, 냉광(冷光), 발광생물

─ 성서적 음식문화 : 세균과 부패, 림프계, 부신피질, 교감신경, 신

 경전달물질

─ 성서속의 조류 인플루엔자 : 조류 인플루엔자 바이러스, 고병원

 성 바이러스

─ 환원불가능한 복잡성 : 마이코프라즈마

─ 태양 창조 이전의 지구 : 아인슈타인의 특수 상대성이론, 빛의 본질

　　대학입시나 논술시험을 앞둔 독자들이 '신학과 과학의 만남'이라
는 파일을 하나 만들어 그 연재물을 빠짐없이 모아두어 틈틈이 읽어

둔다면 과학탐구의 훌륭한 전초기지를 건설할 수 있을 것이다.

과학탐구 영역의 보물창고

과학탐구의 전초기지를 건설한 후에 보다 재미있는 심화학습이 필요하다면 교과서와 참고서로 든든한 실전력을 쌓아나가는 동시에, 한국창조과학회의 자료로 살을 붙이면 된다.

창조과학회(www.kacr.or.kr)의 자료는 한층 체계적으로 정리되어 있고 수시로 업데이트되고 있다. 과학 분야의 최신 정보들을 깊이 있게 제공해 주고 있어서 미래의 과학도들의 탐구능력을 한층 끌어올려 줄 것이다.

또한 과학 공부를 하다가 조금이라도 궁금한 게 있어 질문을 하면 주로 대학교수들로 구성된 과학 전문가들의 성실한 답변을 무료로 들을 수 있으니, '과학 학습'의 훌륭한 과외선생을 만날 수 있다. 소설보다 더 재미있는 과학 이야기를 마음껏 즐길 수 있기를 기원한다.

동정녀 탄생의 과학적 추론

이제 '동정녀 탄생론'을 마무리할 시간이다. '동정녀 탄생'은 성경의 콘텐츠 중에서도 가장 비과학적인 내용으로 받아들여지고 있다. 과학적으로 볼 때, 동정녀 탄생은 도저히 있을 수 없다는 것이다.

과연 그럴까?

그렇다면 심인성(心因性) 질병의 근거는 무엇인가?

과학을 기초로 하고 있는 의학계에서 심인성 질병을 자주 거론한다. 인간의 대부분의 병이 마음의 상처에서 온다는 것이다. 재미있는 연구 결과다. 과학이라는 이름으로 심인성 질병은 인정하면서도 성령에 의한 동정녀 탄생을 인정하지 않는 것은 비과학적인 발상이기 때문이다.

마음이 육체를 변화시킬 수 있다는 심인성 질병을 인정한다면 성령에 의한 동정녀 탄생도 인정해야 한다. 그래야 논리적 모순에 빠지지 않기 때문이다. 보다 근원적인 문제는 동정녀 탄생론이 아니라 창세기 1장을 인정할 수 있느냐는 것이다. 창세기 1장의 하나님이 천지만물을 창조하셨다는 이야기를 받아들일 수 있다면, 동정녀 탄생론은 저절로 해결된다. 천지만물을 창조하신 하나님이시라면 동정녀 탄생은 얼마든지 가능하기 때문이다.

따라서 동정녀 탄생을 과학적으로 입증하려면 창세기 1장부터 과학적으로 입증해야 한다. 그런데 이건 사실, 너무도 간단한 일이다. 상상력에 의존하는 것이 과학이라면, 창세기 1장에 대한 무궁무진한 상상도 얼마든지 가능하기 때문이다.

21세기의 창조적 힘으로 일컬어지고 있는 사고력, 상상력, 창의력 등등 그 모든 힘은 창세기 1장에서 비롯된다.

　논술학습의 핵심은 '추론 능력'을 향상시키는 것에 있다. 대입 전형제도가 논술고사에 집중되는 이유는 추론하는 능력이 있느냐 없느냐에 따라서 대학의 학문의 성패가 좌우되기 때문이다. 단순암기법이 통하던 시대는 이미 지나갔다. '공부를 잘하느냐 못하느냐'도 추론 능력이 있느냐 없느냐로 판가름된다.

　몇 가지 예를 들어보면, 외무고시, 행정고시, 기술고시, 입법고시 등 고등고시의 '공직적격성평가(PSAT)'에서는 언어논리, 자료해석, 상황판단 등의 추론시험이 치러지고 있으며, 미국의 법과대학원 입학시험인 'LSAT(Law School Admission Test)'에서는 논리적 추론(Logical Reasoning), 분석적 추론(Analytical Reasoning) 등의 문제가 출제되고 있다. 컴퓨터 공학이나 인공지능 등의 분야에서도 '추론'은 상식으로 통하고 있다. 경제학에서도 추론에 의한 예측이 중요시되고 있다. 만약에 인간의 추론 능력이 일시에 사라져 버린다면 자연과학 역시 일시에 붕괴되어 버릴 것이다.

　이처럼 추론 능력은 모든 학문의 근간이 되고 있으며, 나아가 21세기의 키워드라고 할 수 있는 '창의력'도 '추론 능력'을 바탕으로 한다. 이렇게 모든 분야에서 중요한 자리를 차지하고 있는 추론 능력을 향상시키는 가장 좋은 방법은 바로 '독서'와 '글쓰기'이다. 실제로 대학에서 행해지는 대부분의 학습은 독서와 리포트 작성으로 이루어지고 있다. 그렇기 때문에 대학에서 논술고사를 통해 학생들을 선출하는 것이다. 논술시험을 준비할 때에도 독서와 글쓰기를 통한 추론 능력의 향상에 주안점을 두어야 한다.

　이러한 추론 능력이 성경과 무슨 상관이 있을까?

3부

논술편
논술 학습법

나는 세상의 빛이니
나를 따르는 자는 어둠에 다니지 아니하고
생명의 빛을 얻으리라.
(요한복음 8:12)

1 천지창조의 원리로 논술하세요

– 에덴동산의 논술경시대회

오라 우리가 서로 변론하자
너희의 죄가 주홍 같을지라도 눈과 같이 희어질 것이요
진홍 같이 붉을지라도 양털 같이 희게 되리라.

(이사야 1:18)

오라, 우리가 서로 논술하자

성경에서 하나님은 "논술을 배우러 어서 오라"고 우리에게 말씀하고 계신다.

> 여호와께서 말씀하시되 오라 우리가 서로 변론하자 너희의 죄가 주홍 같을지라도 눈과 같이 희어질 것이요 진홍 같이 붉을지라도 양털 같이 희게 되리라.
>
> (이사야 1:18)

말씀을 좀 더 정확하게 이해하기 위해서 NIV 성경을 보면 다음과 같다.

"Come now, let us reason together," says the LORD.
"Though your sins are like scarlet, they shall be
as white as snow; though they are red as crimson,
they shall be like wool."

"오라 우리가 서로 변론하자"라는 말씀이 "Come now, let us reason together"이라는 것을 알 수 있다. 여기서 '변론하다'라는 의미로 사용된 'reason'이 바로 논술의 성서적 근거가 된다. 'reason'을 영한사전에서 찾아보면, '추리하다, 추론하다, 논리적으로 생각하다, 판단을 내리다, 이론적으로 생각해내다, 논하다, 논증하다, 판단하다'이다. 즉 추론하고 논증하는 논술행위를 뜻하는 단어인 것이다. 따라서 "오라 우리가 서로 변론하자"라는 하나님의 말씀을 우리는 "오라, 우리가 서로 논술하자" 혹은 "논술을 배우러 어서 오라"는 의미로 받아들여도 무방하다.

'reason'에 ing를 붙이면 추론을 뜻하는 'reasoning'이 된다. 'reasoning'의 중요성은 이미 앞에서 살펴보았다. 미국의 법과대학원 입학시험인 'LSAT(Law School Admission Test)'에서는 논리적 추론(Logical Reasoning), 분석적 추론(Analytical Reasoning) 등의 문제가 출제된다.

논술학습의 성경적 원리를 파악하기 위해서는 성경의 논술적 성격 즉 논술신학을 이해해야 한다. 논술신학이란 다름 아닌 성경의 논술적·논증적·변론적 특성에 초점을 맞추어 성경을 파악하는 신학연구의 한 방법이다. 논술신학이 기존의 변증신학과 다른 점은 변증신학이 변증법적 논증에 초점을 맞춘 데 반해, 논술신학은 논증의 모든 방법과 형식을 모두 포괄하고 있는 근원적인 논술의 연구를 담고 있다는 것이다.

성경은 내용적으로나 형식적으로나 논술의 형태를 띠고 있다. 맨 처음 "태초에 하나님이 천지를 창조하셨다"는 말씀은 연역법의 전형을 보여주고 있다. 연역법은 출발 명제를 수긍할 수 있으면 나머지 뒷부분도 수긍할 수 있는 것을 말한다. "태초에 하나님이 천지를 창조하셨다"라는 말씀을 받아들일 수 있다면, 성경의 모든 말씀을 이해할 수가 있어야 한다. 태초에 하나님이 천지를 창조하셨는데 나머지 말씀을 받아들이지 못할 이유가 없다.

창세기 1장 3절의 "하나님이 이르시되 빛이 있으라 하시니 빛이 있었고"라는 말씀도 논술신학의 근거가 된다. 빛을 창조하는 말씀의 능력이 드러난다. 논술에서 자주 언급되는 창의력이란 다름 아닌 말씀의 능력, 즉 논술의 능력이다.

　“오라, 우리가 서로 논술하자” 혹은 “논술을 배우러 어서 오라”고 하나님이 말씀하신 이유가 있다. 성경은 하나님께서 집필하신 최고의 논술 교재이다. 즉 성경 속에서 하나님이 직접 논술강의를 하고 계신 것이다.

> 여호와 하나님이 흙으로 각종 들짐승과 공중의 각종 새를 지으시고 아담이 무엇이라고 부르나 보시려고 그것들을 그에게로 이끌어 가시니 아담이 각 생물을 부르는 것이 곧 그 이름이 되었더라.
>
> (창세기 2:19)

　각 생물에게 그 이름을 붙인 아담의 행위가 곧 ‘논술 사역’이다. 하나님은 최초의 인간인 아담에게 ‘논술을 잘할 수 있는 능력’을 주셨으며, “네가 생물들의 이름을 전부 지어라.” 하시어 논술 특수훈련을 시키신 것이다. 논술의 기초를 어떻게 확립할 수 있는가를 배울 수 있는 대목이다. 용어(이름)를 알고 그 용어의 개념을 파악하는 건 논술의 가장 근본적인 기초일 뿐만 아니라 모든 학문의 근본 원리이다.

　이는 책꽂이에 꽂혀 있는 아무 교과서나 한 권 꺼내서 확인해 보면 금방 알 수 있다. 고등학교 철학 교과서를 보면, 1부의 제목이 '철학이란 무엇이며 어떻게 하는가?'이고, 1장의 제목은 '철학은 어떤 학문이며 어째서 하게 되는가?'이다. 교과서에서도 '철학'이라는 용어의 개념 파악부터 시작하는 것이다. 그것이 바로 논술의 출발점이다. 하나님은 아담을 통해서 그것을 우리에게 가르쳐 주고 계신 것이다.

에덴동산의 논술경시대회

하나님은 창세기 3장을 통해서 더욱 강력한 논술 훈련을 시키신다. 아담의 아내에게 '에덴동산의 논술 경시대회'에서 뱀과 겨루게 하시어 보기 좋게 '0점'을 맞게 하신다. 성경은 '에덴동산의 논술 경시대회' 실황을 자세하게 중계방송해 주고 있다.

1 그런데 뱀은 여호와 하나님이 지으신 들짐승 중에 가장 간교하니라 뱀이 여자에게 물어 이르되 하나님이 참으로 너희에게 동산 모든 나무의 열매를 먹지 말라 하시더냐 2 여자가 뱀에게 말하되 동산 나무의 열매를 우리가 먹을 수 있으나 3 동산 중앙에 있는 나무의 열매는 하나님의 말씀에 너희는 먹지도 말고 만지지도 말라

너희가 죽을까 하노라 하셨느니라 4 뱀이 여자에게 이르되 너희가 결코 죽지 아니하리라 5 너희가 그것을 먹는 날에는 너희 눈이 밝아져 하나님과 같이 되어 선악을 알 줄 하나님이 아심이니라 6 여자가 그 나무를 본즉 먹음직도 하고 보암직도 하고 지혜롭게 할 만큼 탐스럽기도 한 나무인지라 여자가 그 열매를 따먹고 자기와 함께 있는 남편에게도 주매 그도 먹은지라

많이 알려져 있는 말씀이지만, 논술신학의 관점에서 보면 더욱 재미있고 새롭다. 뱀이 하와를 설득해서 동산 한가운데 있는 나무의 열매를 먹게 하면 뱀이 이기는 것이고, 하와가 뱀의 설득에 넘어가지 않으면 하와가 이기는 것이다.

1. 뱀이 먼저 여자에게 논술하였다. "하나님이 참으로 너희에게 동산 모든 나무의 열매를 먹지 말라 하시더냐?"

창세기 2장 16절과 17절에서 말씀하신 "동산 각종 나무의 열매는 네가 임의로 먹되 선악을 알게 하는 나무의 열매는 먹지 말라 네가 먹는 날에는 반드시 죽으리라"는 내용을 엿들은 뱀이 먹을 수 있는 나무 열매의 범위를 임의로 넓혀서 여자의 판단력을 흐리게 하고 있다.

"하나님이 정말로 너희에게, 동산 안에 있는 모든 나무의 열매를 먹지 말라고 말씀하셨니?"라는 뱀의 달콤한 논술에 여자는 '어! 그

건 아닌데'라는 생각이 들 수밖에 없다. 뱀의 선제공격에 여자의 판단력이 흐릿해졌다. 이를 논리학에 대입해 보면 외연의 확장으로 볼 수 있다. 논리학에서 언급되는 외연과 내포의 뜻은 한자를 보면 알 수 있다. 외연(外延)은 밖으로 펼쳐지는 것이기에 범위를 뜻하며, 내포(內包)는 안에 지니고 있기에 특징과 속성이 된다.

2. 여자는 가까스로 방어를 해본다. "아니야. 우리는 동산 안에 있는 나무의 열매를 먹을 수 있어. 그런데 하나님께서 동산 한가운데 있는 나무의 열매는 먹지도 말고 만지지도 말라고 하셨어. 어기면 우리가 죽는다고 하셨어."

그러나 여자의 방어적 논술은 별로 힘을 발휘하지 못한다. 여자가 하나님께 직접 들은 말씀이 아니기 때문이다. '선과 악을 알게 하는 나무의 열매를 먹으면 반드시 죽는다'라는 말씀은, 하나님이 아담의 갈빗대로 여자를 만드시기 전의 일이었다. 하나님이 아담에게 말씀하실 때엔 '만지지 말라'는 말씀은 없었는데, 당황한 여자는 '만지지도 말라고 하셨다'라고 말하며 허둥거린다. 뱀의 선제공격에 벌써 절반은 넘어가 있는 것이다. 사탄의 세력으로 보이는 뱀의 말을 듣고 대꾸를 했다는 것 자체가 벌써 반은 넘어간 것이다.

3. 뱀이 마무리 논술을 한다. "너희는 절대로 죽지 않아. 하나님은

만약 너희들이 그 나무 열매를 먹으면 눈이 밝아져서 하나님처럼 되고, 선과 악을 알게 된다는 것을 알고 계신 거야. 그래서 그렇게 말씀하신 거야. 알겠니?"

여자를 설득시키는 너무도 강력한 논증으로 마무리한다. 그 나무의 열매를 먹어도 절대로 죽지 않는다는 것은 그 열매를 먹어도 절대 죄가 되지 않는다는 것이다. 게다가 하나님처럼 될 수 있다니!

4. '이 열매를 먹어도 절대로 죽지도 않고 놀랍게도 하나님처럼 될 수 있다니! 한번 먹어볼까?' 여자는 아찔한 현기증에 휩싸이며 열매를 쳐다본다. 먹음직한 게 탐스럽게도 생겼다. 입 안 가득 침이 고여 오더니, 꼴깍 군침이 흐른다.

'에라 모르겠다! 절대로 죽지 않는다고 하잖아!'

여자는 결국 열매를 따서 맛있게 먹고, 아담에게도 주었다. 아담도 덩달아 그 열매를 먹으니, 게임 아웃!

논술경시대회의 결과

인류 최초의 논술경시대회에서 뱀은 100점을 받고 여자는 0점을 받았다. 뱀은 비록 100점을 받았지만 아담과 여자를 망가뜨린 죄로

'사는 동안 평생토록 오로지 배로 기어 다니고, 흙을 먹어야 하는' 벌을 받게 된다. 0점을 받은 여자는 자식을 낳는 고통과 남편에게 평생 다스림을 받는 벌을 받는다. 또한 아담은 죽는 날까지 힘들게 수고해야만 땅에서 나는 것을 먹을 수 있으며, 얼굴에 땀을 흘려야 낟알을 먹을 수 있는 벌을 받게 된다(창세기 3:14-19 참조).

결국 지금까지 인간은 논술경시대회에서 0점을 받은 원죄가 따라붙게 된 것이다. 생물에게 이름을 지어주는 '논술 사역'을 시키며 아담에게 스파르타 훈련을 시켰건만, 아담이 미처 하나님께서 주신 논술의 능력을 아내에게 전수하지 않은 틈을 타서 뱀이 공격을 해온 것이다. 창세기 2장의 끝부분에서 여자가 태어나고 3장이 시작되자마자 뱀이 바로 공격을 취한 것은 바로 그 때문이었다. 여자가 논술 능력을 갖추기 전에 재빨리 선제공격을 해서 무너뜨린 것이다.

'내일 하지 뭐. 논술은 천천히 해도 돼. 수능 끝나고 한두 달 집중해서 하면 논술쯤이야 문제가 되겠어?'라는 생각으로 차일피일 논술을 하지 않고 있다가는, 뱀의 공격에 쉽게 나가떨어질 수 있다는 것을 깨달아야 한다. 아담은 뒤늦게 땅을 치며 후회한다. 그리고는 하나님께서 벌을 주시자마자 바로 논술공부에 매달린다. 그래서 아담이 아내의 이름을 '하와'라고 지어주는 논술 행위가 나오는 것이다(창세기 3:20 참조). 아담이 19절에서 벌을 받자마자, 20절에서 아내에게 '하와'라는 이름을 지어준 게 바로 그 때문이다. 그 후 인간은 논술공부를 열심히 해야만 먹고살 수 있게 되었던 것이다.

# 바벨의 논술대란 사건

바벨의 논술대란 사건이 일어나기 전까지는 그래도 괜찮았다. 인간의 언어는 여전히 하나였으며 그런대로 서로 논술을 나눌 만했기 때문이다. 하지만 그것이 문제가 되었다. 그들은 하늘까지 닿는 높은 딥을 쌓으려고 했다. 사람들이 도시를 세우고 탑을 쌓고서 탑 꼭대기가 하늘에 닿게 하려고 했던 것은 그들의 이름을 널리 날리고 온 땅 위에 흩어져 살지 않으려는 의도였다. 그것은 하나님의 뜻에 맞서는 대적행위였다. 하늘로 올라가 하나님과 맞서겠다는 오만함이었으며, "(온 땅에 흩어져) 생육하고 번성하여 땅에 충만하라, 땅을 정복하라, 바다의 물고기와 하늘의 새와 땅에 움직이는 모든 생물을 다스리라"(창세기 1:28)는 하나님의 문화적 명령(논술 사역 명령)을 거스르는 행위였다.

사람들이 짓고 있는 도시와 탑을 보려고 내려오신 하나님은 이렇게 말씀하신다.

"이 무리가 한 족속이요 언어도 하나이므로 이같이 시작하였으니 이후로는 그 하고자 하는 일을 막을 수 없으리로다. 자, 우리가 내려가서 거기서 그들의 언어를 혼잡하게 하여 그들이 서로 알아듣지 못하게 하자"(창세기 11:6-7).

"(온 땅에 흩어져) 생육하고 번성하여 땅에 충만하라, 땅을 정복하라, 바다의 물고기와 하늘의 새와 땅에 움직이는 모든 생물을 다스리라"는 하나님의 논술 사역 명령을 어긴 인간들에게 엄청난 벌이 내려진다. 결국 언어가 여러 개가 되어 의사소통이 힘들어지는 결과를 초래하게 된 것이다. 하나님께서 온 땅의 언어를 뒤섞으셨기 때문에 사람들은 의사소통의 단절로 인해 도시 세우는 일을 그만둘 수밖에 없었으며, 하나님에 의해 사람들은 온 땅으로 흩어졌다(창세기 11:8-9 참조). 에덴동산의 논술 경시대회 이후 논술 공부를 열심히 해야만 먹고살 수 있게 된 인간에게 한층 가혹한 벌이 내려진 것이다.

언어가 여러 개로 갈라지게 되어 의사소통의 어려움을 겪게 되었으며, 같은 언어권 내에서도 자신의 의견을 발표하여 상대를 설득시키는 행위가 쉽지 않게 되었으니 여기까지를 논술의 '원역사'라고 칭한다.

그 후 논술의 족장시대가 열리게 된다. 하나님은 지상의 많은 인간들 중에서 아브람을 선택하시어 '논술 특별과외'를 실시하신다. 이는 하나님이 이스라엘 백성들을 특별히 사랑하시기 때문이 아니다.

아브람과 그 후손들에게 "생육하고 번성하여 땅에 충만하라. 땅을 정복하라. 바다의 고기와 공중의 새와 땅 위에서 살아 움직이는 모든 생물을 다스려라"는 하나님의 논술 사역 명령을 성실히 수행하게 하시려는 분명한 목적이 있으셨기 때문이다. 창세기 12장에 그러한 말씀의 근거가 나온다. 하나님이 아브람에게 말씀하셨다.

"너는 너의 고향과 친척과 아버지의 집을 떠나 내가 네게 보여 줄 땅으로 가라 내가 너로 큰 민족을 이루고 네게 복을 주어 네 이름을 창대하게 하리니 너는 복이 될지라 너를 축복하는 자에게는 내가 복을 내리고 너를 저주하는 자에게는 내가 저주하리니 땅의 모든 족속이 너로 말미암아 복을 얻을 것이라"(창세기 12:1-3).

하나님은 아브람에게 논술 특별과외를 받으라고 권하신다. 집을 떠나서 하나님이 이끄시는 땅으로 가는 '논술 특별과외'를 받으면, 큰 복을 주시고 이름을 크게 떨치게 하겠다고 하신다.

"너로 말미암아 복을 얻을 것(너는 복의 근원이 될 것)"이라는 말씀은 아브람과 그 후손들에게 하시는 특별과외의 기록인 성경을 후일 모든 나라의 모든 백성들이 보고 배우고 익혀서, 하나님의 논술 사역 명령을 잘 수행할 수 있는 복을 받게 된다는 의미이다.

"너를 축복하는 자에게는 내가 복을 내리고 너를 저주하는 자에게는 내가 저주하리니"라는 말씀은 곧 하나님께서 특별히 제작하신 논술교재인 성경을 가까이 하는 사람에게는 하나님이 복을 주시고, 이를 멀리하며 논술 공부를 게을리 하는 사람에게는 벌을 내리시겠다는 뜻이다.

논술의 본질은 언약이다

아브람에게 하신 하나님의 논술 특별과외의 핵심은 '언약'이다. 다시 말해서, 하나님이 아브람에게 언약을 세우신 것이다.

"논술을 열심히 하면 복을 받고, 논술을 게을리 하면 벌을 받는다."

하나님께서 아브람에게 언약을 세우신 보다 근본적인 이유는, '바벨의 논술대란 사건' 이후로 인간의 논술 능력이 뚝 떨어졌기 때문이다. 논술 능력이 없이는 하나님의 논술 사역을 수행할 수 없기 때문에, 이 땅의 모든 인간에게 전파시킬 목적 하에 아브람을 찍어서 '특별과외'를 실시하는 특단의 조치를 취하신 것이다.

따라서 하나님의 논술 사역에 순종하면 복을 받고, 대항하며 게을리 하면 벌을 받는다는 지극히 간단한 논리가 성립하게 된다. 하나님이 직접 논술의 본질은 '언약'이라는 것을 보여주신 것이다.

논술의 본질은 언약이다. 이러한 본질이 논술에서 형식적으로는 서론, 본론, 결론이라는 공용화된 약속으로 나타나고, 내용면에서는 논점을 일탈하지 않고 유지하는 '논리력'으로 나타난다. 그래서 이 언약을 어기는 것을 '논점 일탈의 오류를 범했다'고 하거나 '논리적이지 않다'고 한다. 논술을 잘하려면 언약을 잘 지켜야 한다. 서론에서 본론을 거쳐 결론에 이르기까지, 문장과 문장이 서로의 약속을 잘 지키며 긴밀하게 전개되어야 하나의 완성도가 높은 논술문이 탄생한다.

논술행위에서 언약을 잘 지키려면 '언약'이라는 신학적 용어를 이해해야 한다. 언약(covenant)에는 두 가지가 있는데, 하나님에 의해 작성되고 확정된 언약을 헬라어로 '디아데케'라고 하고, 인간과 인간의 불완전한 언약을 '순데케'라고 한다. 디아데케와 순데케의 가장 큰 차이점은 디아데케는 하나님의 약속이기에 절대로 깨질 수 없는 완전한 약속으로 꼭 이루어지는 약속인 반면에, 순데케는 인간과 인간의 불완전한 약속이기에 언제라도 깨질 수 있다는 것이다.

따라서 논술을 할 때는 불완전한 순데케로 하지 말고 완전한 디아데케로 논술해야 한다. 즉 언제든지 깨질 수 있는 불완전한 논리를 전개하지 말고, 논점을 명확하게 하여 자신의 주장을 완전하게 밝힐 수 있는 디아데케로 논술해야 한다. 하나님이 우리에게 주신 약속은 논술학습을 열심히 하면 복을 받고 열심히 하지 않으면 벌을 받는다는 순전한 '디아데케'이다.

잘하고 못하고는 나중 문제다. 하나님은 잘하고 못하고를 따지는 분이 아니시다. 열심히 하는 '성실성'을 보신다. 논술을 어려워하거나 두려워하지 말고, 하나님께 기도드리며 성실하게 정복해 나가기를 기원한다.

논술 사역의 사회적 목적

하나님을 경배하며 논술사역을 열심히 하면 복을 받고, 하나님을 멀리하며 논술사역을 제대로 하지 않으면 벌을 받는다는 진리는 구약에서 내내 지속된다.

이스라엘 백성들이 하나님을 경배하며 논술학습을 열심히 하는 대신에 범죄와 부패로 땅을 황폐하게 만들며 '논술사역 명령'을 제대로 수행하지 않는 죄악을 행하자 하나님께서 강한 어조로 말씀하신다.

너희는 스스로 씻으며 스스로 깨끗하게 하여 내 목전에서 너희 악한 행실을 버리며 행악을 그치고 선행을 배우며 정의를 구하며 학대 받는 자를 도와주며 고아를 위하여 신원하며 과부를 위하여 변호하라 하셨느니라.

(이사야 1:16~17)

오라 우리가 서로 변론하자 너희의 죄가 주홍 같을지라도 눈과 같이 희어질 것이요 진홍 같이 붉을지라도 양털 같이 희게 되리라.

(이사야 1:18)

하나님의 간절하신 말씀에 논술 사역의 목적이 분명히 드러난다. 우리가 논술을 공부하는 목적은 단순히 대입 논술고사에서 좋은 점수를 얻기 위해서가 아니다. 보다 근본적인 목적은 논술사역을 통해서 스스로를 정결하게 하고, 악한 행실을 버리고, 옳은 일을 하는 것을 배우고, 정의를 찾고, 억압받는 사람을 도와주고, 어려운 이웃을 변호하고 변론해 주기 위해서이다.

논술의 이러한 사회적 목적은 "생육하고 번성하여 땅에 충만하라, 땅을 정복하라, 바다의 물고기와 하늘의 새와 땅에 움직이는 모든 생물을 다스리라"는 하나님의 논술 사역 명령에 수반되는 또 하나의 중요한 목적이다.

이러한 논술신학이 현실세계의 실전논술과는 어느 정도 거리가 있어 보이지만, 논술신학의 관점에서 보면 오히려 성경의 말씀은 실전논술과 직결된다는 것을 알 수 있다. 예를 들면, 성경의 첫 부분인 창세기 1장에서 실전논술의 핵심이라고 할 수 있는 논술문 작성 방법을 처음부터 가르쳐주고 있다. 실전논술의 답안지 작성요령은 천지창조의 원리 속에 담겨 있다.

첫째 날, 말씀으로 빛을 창조 ➜ 답안지의 서두에서 빛을 밝힌다. 그러기 위해서는 눈에 확 띄는 첫 문장을 구사해야 한다. 제일 중요한 것이 첫 문장이다. 논제와 관련이 있는 주의와 흥미를 끌 수 있는 이야기를 시작하는 것이 좋다. 첫 문장에서 이미 승패가 갈린다. 논술고사의 채점위원들을 생각해 보면 된다. 일정한 장소에 감금되다시피 한 상태로 격리되어 종일 같은 논제의 답안지를 읽어야 한다는 게 얼마나 따분하고 지루한 일인가. 그들의 눈에 띄어서 좋은 점수를 얻으려면 첫 문장이 신선해야 한다.

둘째 날, 궁창(하늘)의 창조 ➜ 하늘을 알아야 한다. 하늘을 안다는 것은 목적을 안다는 것이다. 즉 논점을 어느 방향으로 전개시킬 것인지 선택해야 한다. 글의 개요에 어긋나지 않게 뚜렷한 목적을 지닌 글을 서론부터 전개시켜야 한다. '글을 전개'시키는 게 중요하다. '궁창'이란 히브리어로 '펴짐(expansion)'을 뜻한다. 글을 펼쳐서 전개시켜야 한다는 것이다.

셋째 날, 땅과 바다의 창조, 식물과 나무의 창조 ➡ 하늘 아래에 있는 물이 한곳으로 모여 바다가 되고, 물이 드러나 땅이 되었다. 이처럼 본론에 돌입하여 자신의 주장을 보다 선명히 드러내야 한다. 셋째 날에는 씨를 맺는 식물과 씨 있는 열매를 맺는 나무도 창조되었다. 하나님이 드러난 땅에 식물과 나무를 심으시어 세상의 환경을 본격적으로 조성하셨듯이, 본격적인 논술에 돌입한다고 해서 '본론'이 된다.

넷째 날, 해, 달, 별의 창조 ➡ 빛과 어둠을 구분해야 한다. 빛과 어둠의 구분이 선명하지 않은 것을 '미명(微明)'이라고 한다. 자신의 논증을 환히 드러내는 방법 중의 하나가 바로 자신의 의견과 반대 의견을 대비시키는 방법이다. 어둠이 깊을수록 빛이 환하게 빛나듯이 자신과 상반되는 의견을 비교하면서 서술하면 한층 설득력이 높아진다.

다섯째 날, 생물과 조류의 창조 ➜ 하나님이 커다란 바다 짐승들과 물에서 번성하는 움직이는 모든 생물을 그 종류대로 창조하시고, 날개 달린 모든 새를 그 종류대로 창조하셨으며, 들짐승을 그 종류대로, 집짐승도 그 종류대로, 들에 사는 모든 길짐승도 그 종류대로 만드셨다. '종류대로' 창조하셨다는 게 키포인트다. 우리도 이처럼 사유의 줄기를 잡으며 체계적인 논증을 본론에서 구사해야 논점 일탈의 오류를 범하지 않을 수 있다.

여섯째 날, 인간의 창조 ➜ 하나님이 창조한 인간에게 명령을 내리신다. "생육하고 번성하여 땅에 충만하라. 땅을 정복하라. 바다의 고기와 공중의 새와 땅 위에서 살아 움직이는 모든 생물을 다스려라." 하나님이 행하신 창조사역의 결론은 인간을 창조하여, 문화명령(논술 사역의 명령)을 내리시기 위함이었다. 인간을 창조하신 것에 그치신 게 아니라 인간으로서의 가치를 분명히 가르쳐 주고 계신다. 논술문의 결론에도 '인간'이 들어가야 한다. 결론 부분에서의 '인간'이란 글 속에 인간의 가치와 미래를 위한 희망적 대안을 제시하는 것을 말한다. 인간의 가치와 미래를 위한 희망적 대안을 제시할 수 있는 결론은 최상의 점수를 받아 마땅하다.

일곱째 날, 안식 ➜ 펜을 거두고 안식을 취한다.

하나님은 천지창조의 원리 속에서 논술을 가르쳐 주고 계신다. 하나님의 논술 특별과외는 구약성경 내내 이어진다. 하나님 말씀의 주요 논리는 하나님의 말씀에 순종하며 논술 공부를 열심히 하면 축복을 받고, 하나님의 말씀에 불순종하며 논술 공부를 열심히 하지 않으면 벌을 받는다는 것이다. '순종은 축복, 불순종은 저주'를 신학에서는 '신명기 사관'이라고 한다. 이 신명기 사관이 논술신학에서는 '에덴동산의 논술 경시대회'에서 이미 살펴보았듯이 '순종은 고득점, 불순종은 0점'으로 나타난다. 다시 말해서 '순종은 축복, 불순종은 저주'는 신명기 이전의 에덴동산 시대에 이미 시작되었다는 뜻이다.

그중에서도 구약의 욥기는 그 자체가 한 편의 완성된 논술문으로 '구약 논술의 백미'를 이루고 있다. 욥기에는 욥과 욥의 세 친구인 엘리바스, 빌닷, 소발이 벌이는 논박이 흥미진진하게 전개되고 있다. 서론, 본론, 결론의 서술적 형식을 지니고 있는 욥기를 논술신학의 관점에서 스스로 분석해 보기 바란다.

2

실전논술의 원리로 정복하세요

– 예수님과 사마리아 여인의 대화

수고하고 무거운 짐 진 자들아 다 내게로 오라
내가 너희를 쉬게 하리라.

(마태복음 11:28)

이스라엘 백성에게 두 번이나 포로생활이라는 벌을 내리시며 논술학습을 독려하지만 별 효과가 없자, 하나님은 마침내 특단의 조치를 내리신다. 하나님이 직접 인간의 몸으로 세상에 오신 것이다. 그리하여 에덴동산의 빵점 사건에서부터 대대로 내려오고 있는 인류의 원죄를 씻어내시고 논술학습의 본을 보이시는 놀라운 일이 벌어졌으니, 예수 그리스도께서 이 땅에 오신 것이다. 드디어 새로운 약속의 논술시대가 열린 것이다. 새로운 약속의 논술시대를 열어가며 예수님은 이 땅에서 불꽃 튀는 논술사역을 펼치셨다. 예수님의 생애를 분석해 보면 논술학습의 원리를 발견할 수 있다. 그중 몇 가지만 예로 들면 다음과 같다.

　　창세기의 천지창조 부분이 구약에서의 실전논술의 핵심을 이루고 있다면, 신약에서는 요한복음 4장에 나오는 '예수님과 사마리아 여인의 대화'가 실전논술의 핵심을 이루고 있다.

1 예수께서 제자를 삼고 세례를 베푸시는 것이 요한보다 많다 하는 말을 바리새인들이 들은 줄을 주께서 아신지라 2 (예수께서 친히 세례를 베푸신 것이 아니요 제자들이 베푼 것이라) 3 유대를 떠나사 다시 갈릴리로 가실새 4 사마리아를 통과하여야 하겠는지라 5 사마리아에 있는 수가라 하는 동네에 이르시니 야곱이 그 아들 요셉에게 준 땅이 가깝고 6 거기 또 야곱의 우물이 있더라 예수께서 길 가시다가 피곤하여 우물 곁에 그대로 앉으시니 때가 여섯 시쯤 되었더라 7 사마리아 여자 한 사람이 물을 길으러 왔으매 예수께서 물을 좀 달라 하시니 8 이는 제자들이 먹을 것을 사러 그 동네에 들어갔음이러라 9 사마리아 여자가 이르되 당신은 유대인으로서 어찌하여 사마리아 여자인 나에게 물을 달라 하나이까 하니 이는 유대인이 사마리아인과 상종하지 아니함이러라 10 예수께서 대답하여 이르시되 네가 만일 하나님의 선물과 또 네게 물 좀 달라 하는 이가 누구인 줄 알았더라면 네가 그에게 구하였을 것이요 그

가 생수를 네게 주었으리라 11 여자가 이르되 주여 물 길을 그릇도 없고 이 우물은 깊은데 어디서 당신이 그 생수를 얻겠사옵나이까 12 우리 조상 야곱이 이 우물을 우리에게 주셨고 또 여기서 자기와 자기 아들들과 짐승이 다 마셨는데 당신이 야곱보다 더 크니이까 13 예수께서 대답하여 이르시되 이 물을 마시는 자마다 다시 목마르려니와 14 내가 주는 물을 마시는 자는 영원히 목마르지 아니하리니 내가 주는 물은 그 속에서 영생하도록 솟아나는 샘물이 되리라 15 여자가 이르되 주여 그런 물을 내게 주사 목마르지도 않고 또 여기 물 길으러 오지도 않게 하옵소서 16 이르시되 가서 네 남편을 불러 오라 17 여자가 대답하여 이르되 나는 남편이 없나이다 예수께서 이르시되 네가 남편이 없다 하는 말이 옳도다 18 너에게 남편 다섯이 있었고 지금 있는 자도 네 남편이 아니니 네 말이 참되도다 19 여자가 이르되 주여 내가 보니 선지자로소이다 20 우리 조상들은 이 산에서 예배하였는데 당신들의 말은 예배할 곳이 예루살렘에 있다 하더이다 21 예수께서 이르시되 여자여 내 말을 믿으라 이 산에서도 말고 예루살렘에서도 말고 너희가 아버지께 예배할 때가 이르리라 22 너희는 알지 못하는 것을 예배하고 우리는 아는 것을 예배하노니 이는 구원이 유대인에게서 남이라 23 아버지께 참되게 예배하는 자들은 영과 진리로 예배할 때가 오나니 곧 이 때라 아버지께서는 자기에게 이렇게 예배하는 자들을 찾으시느니라 24 하나님은 영이시니 예배하는 자가 영과 진리로 예배할지니라 25 여자가 이르되 메시야 곧 그리스도라 하는 이가 오실 줄을 내가 아노니 그가 오시면 모든 것을 우리에게 알려 주시리이다 26 예수께서 이르시되 네게 말하는 내가 그라 하시니라 27 이 때에 제자들이 돌아와서 예수께서 여자와 말씀하시는 것을 이상히 여겼으나 무엇을 구하시나이까 어찌하여 그와 말씀하시나이까 묻는 자가 없더라 28 여자가 물동이를 버려 두고 동네로 들어가서 사람들에게 이르되 29 내가 행한 모든 일을 내게 말한 사람을 와서 보라 이는 그리스도가 아니냐 하니 30 그들이 동네에서 나와 예수께로 오더라

1절부터 30절까지의 성경 말씀을 모두 수록한 이유는 예수님께서 사마리아 여인과 나누고 계신 이 대화 장면이 실전논술의 원리와 기독교 커뮤니케이션의 본질을 학습하는 데 매우 중요하기 때문이다. 이 장면을 논술신학의 관점에서 이해하기 위해 예수님은 대입 논술 고사를 보는 수험생, 사마리아 여인은 채점위원이라고 가정하자. 즉, 수험생 예수 그리스도께서 채점위원인 사마리아 여인을 논술문으로 설득시키는 것이다. 논술의 최종 목표는 '설득'이고, 특히 실전 논술에서는 채점위원을 설득해서 최고의 점수를 받는 게 눈에 보이는 가장 중요한 목표이기 때문이다.

그런데 사마리아 여인과의 대화가 실전논술과 맞아떨어진다는 것을 잘 이해하기 위해서는 먼저 실전논술의 공식을 알고 있어야 한다.

실전논술의 공식, D=AIUDCA

광고나 마케팅에서 하나의 정석처럼 사용되고 있는 '아이드마(AIDMA)'라는 공식이 있다. A(Attention : 주의), I(Interest : 흥미), D(desire : 욕망), M(Memory : 기억), A(Action : 행동)의 약자를 따서 '아이드마'라고 부르는 것이다. 이는 광고나 마케팅을 할 때 'AIDMA'의 순서로 하면 효과를 볼 수 있다는 마케팅 공식이다. 먼저 주의를 끌어(A), 흥미를 유발시키고(I), 구매하고 싶은 욕망을 불러일으키고(D), 제품을 기억하게 해서(M), 구매하게 한다(A)는 뜻이다.

이 아이드마는 실전논술에서도 그대로 적용된다. 논술 답안지가 채점되는 광경을 상상해 보면 쉽게 이해할 수 있다. 채점위원들이 한 장소에 모여서 똑같은 주제의 답안지를 온종일 채점하는 것은 생각만 해도 끔찍한 일이다. 할당된 분량이 많다 보니 하나의 답안지를 짧게는 5~6분, 길어야 10분 이내에 채점해야 하는데, 비슷한 답안지를 온종일 대하다 보면 졸음이 오는 것은 당연한 일이다. 따라서 좋은 점수를 받기 위해서는 서론 부분에 채점위원의 졸음이 확 달아나게 하는 주의(Attention)와 흥미(Interest)를 최대한 발휘해야 한다.

실제로 높은 점수를 받은 답안지를 보면 서론에서 남다른 주의(Attention)와 흥미(Interest)로 채점위원을 확 사로잡은 글인 경우가 많다. '서울대 2005학년도 논술 모의고사' 답안지를 예로 들어보자. 논제는 "기계의 발전이 인간의 ① 사회적 관계와 ② 문화적 양식을 어떻게 변화시켜 왔으며, 이러한 변화가 지니는 의미"에 대해 논하는 것이었다. 서울대에서는 6개의 답안지와 평가서를 공개했는데, 아이드마의 공식을 충실히 이행한 학생이 가장 높은 점수를 받은 것으로 나타났다. 그 학생은 다른 사람들과는 달리 재미난 우화를 기술하는 것으로 서론을 시작했다. 서론 부분에서 강력한 주의(Attention)와 흥미(Interest)를 "빵!"하고 터뜨리며 논술을 시작한 것이다. 글의 첫 문장부터 우화를 기술하기 시작한 학생의 파격적인 시도는 채점위원들의 주의와 흥미를 끌었다는 것 외에도 여러 가지 효과를 가져올 수 있었다. 우선 논제와 관련이 있는 우화를 제시하였다는 것은 제시문에 대한 이해와 분석력 면에서 좋은 평가를 받았다. 이는 제시문의 주장과 본인의 주장이 적절히 결합된 것으로 평가되었으며, 또한 창의력 배점에서는 "이 글에서 가장 돋보이는 부분은 바로 창의적인 논리 전개이다. 특히 문학작품에 대한 풍부한 예와 철학적이고 이론적인 논의를 결부시킴으로써 글의 흐름이 딱딱해지지 않도록 한 것은 이 글의 돋보이는 점이다. 또한 도입부에 나오는 우화는 문제를 고찰하는 신선한 시각을 잘 보여주고 있다. 논의의 중요한 마디마다 구체적인 작품에 대한 검토를 집어넣음으로써 다각적이고 심층적인 논의를 가능하게 해준다"는 상당히 좋은 평가를 받을 수 있었다. 그 학생에 대한 평가서를 보면 서론의 첫 부분에서부터 주의(Attention)와 흥미(Interest)를 이끌어서 논술을 시작한 것이, 이해력·분석력, 논증력, 창의력 등의 평가항목에 골고루 영향을 주었음을 알 수 있다.

이 경우 실전논술의 아이드마가 다음과 같이 적용되었음을 알 수 있다. 채점위원의 주의(A)와 흥미(I)를 확 끌어서 졸음을 몰아내고 자세히 읽고 싶은 욕망(D)을 불러일으키는 데 성공했으며, 서론 도입부의 긍정적인 인상이 지속(M)되어, 이해력·분석력, 논증력, 창의력 등의 평가 항목에 좋은 점수를 주는 행위(A)를 하게 만든 것이다.

광고나 마케팅에서는 '아이드마'를 발전시켜서 '아이우드마'로 사용하기도 한다. 'I'와 'D' 사이에 'U'를 집어넣어 'AIUDMA'가 된 것이다. 여기서 'U'는 'Understanding'이다. 주의(Attention)와 흥미(Interest)만 끈다고 해서 바로 욕망(Desire)이 일어나는 것은 아니며, 주의(Attention)와 흥미(Interest)를 느꼈더라도 납득(Understanding)할 수 있어야 욕망(Desire)이 일어난다는 것이다.

'아이우드마' 역시 실전논술에서 그대로 적용된다. 주의와 흥미를 느꼈다고 해서 곧바로 좋은 점수를 주고 싶은 욕망이 일어나는 것은 아니다. 그 주의와 홍미가 납득할 수 있어야 한다. 납득할 수 없는 주의와 홍미, 즉 논제나 제시문 분석과는 전혀 상관이 없는 쇼킹한 도입부로 글이 시작되는 수도 있기 때문이다. 그러한 주의와 홍미는 비록 졸음을 쫓는 데는 도움을 주었지만 도저히 납득할 수 없는 답안지가 되어, 최악의 점수를 면치 못하게 된다. 따라서 실전논술에서도 'AIDMA'에서 한 단계 발전한 'AIUDMA' 공식을 추구할 필요가 있다.

또한 광고나 마케팅에서는 '아이드마(AIDMA)'의 'M'을 'C'로 바꾸어 '아이드카(AIDCA)'로 사용하기도 한다. 기억(Memory)이 확신(Conviction)으로 바뀐 것인데, 단순히 기억하는 것으로는 만족하지 않고 소비자에게 확신을 주어야 한다는 면에서 더욱 적극적인 공식으로 발전한 것이다. 이것 역시 실전논술에서 그대로 적용될 수 있다. 채점위원의 마음을 확실히 사로잡아서, 반드시 높은 점수를 줘야겠다는 확신을 주어야 한다. 아이드마(AIDMA), 아이우드마(AIUDMA), 아이드카(AIDCA)를 종합해 보면, 실전논술에서 가장 좋은 공식은 '아이우드카(AIUDCA)'임을 알 수 있다.

D = AIUDCA

Dissertation(실전논술의 답안지) = Attention(주의) × Interest(홍미)

× Understanding(이해, 납득) × Desire(욕망) × Conviction(확신)

× Action(행동)

실전논술의 답안지를 작성할 때는 도입부와 서론에서 채점위원의 주의(Attention)와 흥미(Interest)를 확 끌어야 하며, 서론에서의 강렬한 인상을 치밀한 논증력으로 본문에서도 계속 유지하여 채점위원을 이해(Understanding)시켜야 한다. 그럼으로써 좋은 점수를 주고 싶은 욕망(Desire)을 불러일으키게 하고, 본론 말미나 결론에서 확실한 대안과 전망을 기술함으로써 채점위원의 긍정적인 호감에 확신(Conviction)을 갖게 하여 최고의 높은 점수를 주게(Action) 만든다.

이 아이우드카(AIUDCA)를 잘 분석해 보면 개요를 어떻게 짜는 게 좋은지 알 수 있다. 정리해 보면 다음과 같다.

1. 서론 Attention(주의) × Interest(흥미) : 첫 문장이 제일 중요하다. 논제와 관련이 있는 주의와 흥미를 끌 수 있는 이야기를 첫 문장부터 시작하는 것이 좋다. 첫 문장에서 이미 승패가 갈리기 때문에 첫 문장에 혼신을 바쳐야 한다. 첫 문장을 비롯한 서론을 잘 쓰기 위해서는 '주특기 책'을 하나 개발해 둘 필요가 있다. 주특기 책이란 달달 외울 정도로 그 내용과 문장을 훤히 꿰고 있는 책을 말한다. 달달 외울 정도가 되어야 실전논술에서 사용할 수 있다. 논술은 절대 암기가 아니라고 하지만 최고의 점수를 받으려면 어느 정도의 암기는 필수적이다. 한 권의 책을 선택하여 전체 내용을 완전히 이해하고 암기하면 실전논술에서 사용할 수 있는 주특기 책이 된다.

2. 본론 Understanding(이해, 납득) × Desire(욕망) : 본론에서는 자신의 주장을 납득시켜서 욕망을 주어야 한다. 여기서의 욕망은 'Desire'이 아니라 '꿈(Dream)'이다.

원고지 2,500매를 작성하려면 본론 1, 본론 2, 본론 3, 본론 4로 구성하는 것이 좋다. 그래야 2,500매를 채우는 데 용이하기 때문이다. 흔히들 본론 1과 본론 2에서는 제시문을 분석하고, 본론 3에서 자신의 주장을 하고, 본론 4에서 근거를 대는 것으로 알고 있지만 그건 그리 바람직한 방법이 아니다. 이해에서 욕망으로 넘어가는 순서가 아니기 때문이다. 이해에서 욕망으로 넘어가게 하기 위해서는 본론 1에서 자신의 주장을 분명히 밝히고, 본론 2와 본론 3에서 근거를 제시하고, 본론 4에서 꿈을 제시해야 한다. 최고의 세일즈맨이 자신의 제품을 고객에게 설명하듯, 본론 1에서 자신의 제품(주장)이 어떤 강점이 있는지를 강렬하게 밝히라는 뜻이다. 그리고 나서 본론 2에서는 제시문을 인용한 근거를 대고, 본론 3에서는 책이나 현실세계의 다른 근거를 대고, 본론 4에서 문제를 해결할 수 있는 꿈과 대안을 제시해 주는 것이다. 흔히 꿈과 대안을 결론에서 마무리하고 있는데 그럴 경우 구체적인 꿈과 대안을 작성할 수 없다. 결론을 너무 길게 쓰면 보기에 좋지 않기 때문이다.

본론 1을 쓸 때는 명확해야 한다. 자신의 의견과 주장을 정확히 밝히라는 뜻이다. 본론 2에서는 제시문을 본론 1의 근거와 이유로 이용하여 쓰면 된다. 제시문을 자신의 주장이나 의견에 대한 근거가 되게 분석하여 사용하라는 뜻이다. 본론 3에서는 서론 도입부의 이야기가 현실세계에 어떻게 나타나는가를 구체적인 사례를 들면서 쓰되, 본론 1의 확실한 근거와 이유가 되게 써야 한다. 본론 4를 쓸 때는 자신의 주장이 현실세계에 반영되었을 경우, 어떤 면에서 긍정적인 결과를 가져올 수 있는가를 구체적인 예를 들며 쓰면 된다. 즉 욕망과 꿈을 심어주되 실현 가능한 대안을 제시해 주라는 뜻이다.

본론을 쓸 때는 결론을 생각하지 말아야 한다. 즉 결론이 없다는 가정 하에 본론에서 모든 얘기를 다 한다는 자세로 임해야 한다. 그래야 채점위원이 이해하게 되고 욕망이 일어나기 때문이다.

3. **결론 Conviction(확신)** × **Action(행동)** : 본론 1과 본론 4를 '다른 언어'로 다시 한 번 강조한다. 즉 자신의 주장과 대안을 거듭 강조하는 것이다. 그러기 위해서는 우선 필자 자신이 확신을 가져야 한다. 내가 믿지 못하면서 남에게 믿으라고 할 수는 없는 노릇이며, 내가 실천하지 못할 것을 남한테 행동에 옮기라고 할 수는 없기 때문이다.

결론 1은 Conviction(확신)의 부분이다. 자신의 주장을 다시 한 번 환기시켜서 채점위원의 확신으로 굳어지게 해야 한다. 본론 1이 다른 언어로 결론 1로 강조되는 것이다.

결론 2는 Action(행동)의 부분이다. 우리가 현실세계에서 행동으로 실천할 수 있는 멋진 꿈과 대안, 방향이 다시 한 번 설정되어서 채점위원의 행동으로 굳어지게 해야 한다. 본론 4가 다른 언어로 결론 2로 강조되는 것이다.

거듭 강조하지만 본론과 다른 언어로 되풀이해서 서술하면 된다. 같은 내용을 말하더라도 다른 표현으로 서술해야 읽는 사람이 지루하지 않다. 다른 언어로 얘기하기 위해서는 본론 3의 근거나 사례가 결론에 개입할 수 있다. 즉 본론 1과 본론 4를 중심으로 마무리를 짓되, 본론 3이 적당히 개입하면 다른 언어로 표현하는 데 용이하다는 뜻이다.

사마리아 여인과의 대화 (2)

실전논술의 공식을 바탕으로 '사마리아 여인과의 대화'를 다시 한 번 읽어보면, 이 땅에 오신 예수님이 보여주신 논술의 전형적인 표본이 놀라울 뿐이다. '예수님과 사마리아 여인의 대화'를 Attention(주의), Interest(흥미), Understanding(이해, 납득), Desire(욕망), Conviction(확신), Action(행동)의 순서로 전개되는 아이우드카 공식에 대입시켜 보면 한 치의 오차도 없이 정확하게 맞아떨어진다.

1. **주의(Attention)** : 예수님이 사마리아 여인에게 마실 물을 좀 달라고 말씀하셨다. ➜ 여자가 놀라며 대답한다. "당신은 유대인으로서 어찌하여 사마리아 여자인 나에게 물을 달라 하나이까."(유대인은 사마리아인과 상종하지 않기 때문이다.) ➜ 예수님과 사마리아 여인 사이의 접촉점이 '물'이다. 예수님은 커뮤니케이션 상의 접촉점을 적절히 활용하시어, 사마리아 여인과의 주의를 끌며 답변을 얻어낼 수 있었다. 즉, 수험생 예수님이 채점위원인 사마리아 여인의 주의를 끄는 데 성공한 것이다.

2. **흥미(Interest)** : "네가 만일 하나님의 선물과 또 네게 물 좀 달라 하는 이가 누구인 줄 알았더라면 네가 그에게 구하였을 것이요 그가 생수를 네게 주었으리라." ➜ 물을 달라고 하시더니 이번엔 다른 말씀을 하신다. 예수님의 말씀은 여인에게 흥미를 불러일으킨다. '물을 달라고 하는 사람은 누구일까? 내가 오히려 그에게 물을 청했을 거라고? 그가 나에게 생수를 주었을 거라니, 이건 또 무슨 말인가?' ➜ "주여 물 길을 그릇도 없고 이 우물은 깊은데 어디서 당신이 그 생수를 얻겠사옵나이까 우리 조상 야곱이 이 우물을 우리에게 주셨고 또 여기서 자기와 자기 아들들과 짐승이 다 마셨는데 당신이 야곱보다 더 크니이까?" 예수님이 서론에서 '물'이라는 접촉점을 이용하여 종교적인 주제를 제기하자, 여인은 아무런 부담도 없이 강한

흥미를 나타내며 종교적인 화제로 답변한다. 즉, 수험생 예수님이 채점위원인 사마리아 여인의 흥미를 끄는 데 성공한 것이다.

3. 이해(Understanding) : 본론으로 들어가서 영생에 이르게 하는 샘물에 대해 예수님이 말씀하신다. "이 물을 마시는 자마다 다시 목마르려니와 내가 주는 물을 마시는 자는 영원히 목마르지 아니하리니 내가 주는 물은 그 속에서 영생하도록 솟아나는 샘물이 되리라." → 여기까지의 접촉점은 계속 '물'이다. 여인은 아무런 거부감도 없이 예수님의 말씀을 이해하고 납득하게 된다. "주여 그런 물을 내게 주사 목마르지도 않고 또 여기 물 길으러 오지도 않게 하옵소서." 즉, 수험생 예수님이 채점위원인 사마리아 여인에게 영생에 이르게 하는 샘물에 대해 이해시키는 데 성공한 것이다. → 그러나 사마리아 여인의 이해는 완전한 게 아니었다. 예수님은 영생에 이르는 샘물을 말씀하신 데 반해 사마리아 여인은 여전히 마시는 물을 얘기하고 있다. 채점위원이 혼란에 빠져 있는 상태이므로 무언가 대반전이 필요한 시점이다.

4. 욕망(Desire) : 그래서 예수님은 영생에 이르는 샘물의 필요성을 환기시키신다. "가서 네 남편을 불러 오라." → 예수님의 대반전에 그 여자가 "나는 남편이 없나이다"라고 대답한다. 그러자 예수님은

"네가 남편이 없다 하는 말이 옳도다. 너에게 남편 다섯이 있었고 지금 있는 자도 네 남편이 아니니 네 말이 참되도다"라고 말씀하셨다. → 남편이 없다는 것을 잘 알고 계신 예수님은 여인에게 왜 남편을 불러오라고 하셨을까? 그것은 여인에게 영생에 이르는 샘물이란 마시는 물이 아니라, 영적인 갈급함을 채워주는 물이라는 것을 가르쳐 주기 위해서였다. 즉, 여인의 종교적 갈급함을 일깨워주고, 그에 대한 욕망을 불러일으키기 위해서였다. 수험생인 예수님이 채점위원인 사마리아 여인의 욕망을 불러일으키는 데 성공하신 것이다.

5. **확신(Conviction)** : 예수님이 여인에게 영적인 갈급함을 채우기 위한 방법을 가르쳐 주며 결론을 내리신다. "여자어 내 말을 믿으라. 이 산에서도 말고 예루살렘에서도 말고 너희가 아버지께 예배할 때가 이르리라. 너희는 알지 못하는 것을 예배하고 우리는 아는 것을 예배하노니 이는 구원이 유대인에게서 남이라. 아버지께 참되게 예배하는 자들은 영과 진리로 예배할 때가 오나니 곧 이 때라. 아버지께서는 자기에게 이렇게 예배하는 자들을 찾으시느니라. 하나님은 영이시니 예배하는 자가 영과 진리로 예배할지니라." → 예수님의 말씀에 여인은 자신의 확고한 신념을 밝힌다. "메시야 곧 그리스도라 하는 이가 오실 줄을 내가 아노니 그가 오시면 모든 것을 우리에게 알려 주시리이다." 수험생 예수님이 채점위원인 사마리아 여인에

게 확신을 주는 데 성공한 것이다.

  6. **행동**(Action) : 예수님이 마지막 결론을 말씀하시며, 논술을 마무리 지으신다. "네게 말하는 내가 그라." ➔ 예수님의 마지막 결론을 듣고 나서 사마리아 여인은 행동에 옮긴다. 여인은 물동이를 버려 두고 동네로 들어가서, 사람들에게 말하였다. "내가 행한 모든 일을 내게 말한 사람을 와서 보라 이는 그리스도가 아니냐." ➔ 여인의 행동에 마을 사람들의 행동이 계속 이어진다. 사람들이 동네에서 나와서 예수님께 몰려간 것이다. 수험생 예수님이 결론을 멋지게 마무리 짓자 채점위원인 사마리아 여인이 100점을 줄 것을 주장하니, 다른 채점위원들도 함께 찬사를 보내며 100점을 주자고 하는 장면이다.

  '사마리아 여인과의 대화'가 나오는 요한복음은 시작부터가 논술적이다. "태초에 '말씀'이 계시니라 이 '말씀'이 하나님과 함께 계셨으니 이 '말씀'은 곧 하나님이시니라." 요한복음 말씀을 논술신학의 관점에서 보면, '태초에 논술이 계시니라 이 논술이 하나님과 함께 계셨으니 이 논술은 곧 하나님이시니라'가 된다.
  요한복음 3장에 '니고데모 이야기'라는 또 하나 중요한 실전논술의 전형이 나온다.
  '니고데모 이야기'를 통한 실전논술 학습은 독자 여러분의 몫으로 남겨 두겠다. 논술학습은 스스로 생각하고 스스로 탐구하는 것이 핵심이기 때문이다.

비유와 사례를 적절히 활용하라

구약에서 하나님께서 가르쳐 주신 논술학습의 핵심이 '언약'이었다면, 신약에서 예수님이 가르쳐 주시는 논술학습의 비결은 바로 '비유'이다.

물론 구약시대에도 '비유'는 있었다. 시편 78편 2절에서는 "내가 입을 열어 비유로 말하며 예로부터 감추어졌던 것을 드러내려 하니"라고 말씀하심으로써, 비유라는 표현상의 중요성이 강조되고 있다. 시편의 그 놀라운 비밀은 예수님 시대에도 이어지고 있다. 예수님이 비유로 말씀하시면 우리가 미처 알지 못했던 숨겨진 비밀이 하나둘 밝혀지기 시작하는 것이다. 그중 유명한 비유를 몇 가지 열거하면 다음과 같다.

땅에 떨어진 씨 비유, 겨자씨와 누룩 비유, 가라지 비유, 용서할 줄 모르는 종 비유, 포도원 농부 비유, 혼인 잔치 비유, 열 처녀 비유, 달란트 비유, 열매 맺지 못하는 무화과나무 비유, 잃은 양을 찾은 목자 비유, 잃은 아들을 되찾은 아버지 비유, 옳지 않은 청지기 비유,

과부와 재판장 비유, 바리새인과 세리 비유 ······.

예수님께서 논증을 전개하는 주요 수단이 바로 '비유'였다. 예수님이 사용하신 이런 비유들은 아마도 예수님이 이 땅에 인간의 육신으로 오셨기 때문에 가능하셨을 것이다. 구약의 하나님은 언약으로 논술을 가르쳐 주신 데 반해, 신약의 예수님은 인간의 몸으로 이 땅에 오심으로써 이 땅에서 벌어지는 적절한 비유의 사용으로 논술을 가르쳐 주신 것이다.

우리 말 '비유'에 해당하는 영어의 'parable'은 헬라어 전치사 'para(곁에)'와 동사 'ballo(던지다)'가 합해져 '곁에 던져 놓다'라는 뜻을 이룬 합성어이다. 즉 곁에 놓고 비교하는 표현 기법을 '비유'라고 하는 것이다. 곁에 놓고 비교할 수 있고 일정한 개념이 들어가 있기 때문에, 논제에 맞는 적절한 비유를 구사하면 자신의 논지를 전개시키는 데 많은 도움이 된다. 설득력이 생기기 때문이다. 예를 들면, '사회 학습법'에서 언급되었던 '공유지의 비극'이 경제학 관련 논제의 좋은 비유가 될 수 있다. 이러한 비유들을 파일을 하나 만들어 용어별로 일목요연하게 정리해서 숙지해 두면 실전논술에서 큰 도움이 된다. 인문·사회과학 등의 논술언어를 적절히 구사하는 데 도움이 될 뿐만 아니라, 자신의 논증에 대한 근거와 이유로 활용될 수 있기 때문이다. 실전논술에서 바로 활용될 수 있는 비유를 몇 가지만 정리해 보면 다음과 같다.

1. 죄수의 딜레마(Prisoner's dilemma)

A와 B가 은행을 털다가 붙잡혔다. 그들을 격리수용하고, 자백을 받아내기 위해 검사가 각자에게 다음과 같은 조건을 제시하였다.

"어느 한 사람만이 진실을 털어놓을 경우, 그는 즉시 석방되고 다른 공범은 중형을 받게 된다. 두 사람이 모두 자백하면 두 사람 모두 2년형을 받아야 하지만 나중에 가석방을 시켜준다. 그러나 두 사람 모두 자백하지 않으면, 구체적인 물증이 없어 둘 다 즉시 풀려난다."

두 범죄자가 모두 합리적이라고 가정하면, 결과는 어떻게 될까? A는 자백하지 않았는데 B가 자백한다면 A는 중형을 받아야 한다. A가 자백했을 때, B가 자백하지 않았으면 A는 풀려나고, B가 말을 했어도 2년형만 받으면 되는 것이다. 두 사람 모두 묵비권을 지키면 사이좋게 풀려나올 상황이지만, 그러기 위해서는 동료가 자백하지 않는다는 믿음이 있어야 한다. 문제는 두 사람 모두 각자의 이익을 최우선으로 생각하기 때문에 그런 믿음이 없다는 것이다. 아이로니컬하게도 두 사람은 모두 2년형을 받고 가석방을 기다려야 한다는 결론에 다다르게 된다.

2. 무임승차 딜레마

특정의 재화나 서비스의 제공에 소요되는 비용을 부담하지 않을지라도 그 사용으로부터 배제되지 않는다면, 그러한 재화나 서비스의 생산에 기여하지 않거나 참여하지 않고 그 혜택에 '무임승차'하는 것이 그 개인들에게 합리적인 선택이 된다. 그런데 올슨의 '무임승차론'은 국가의 필요성 등을 강조하는 근거로서 충분히 활용될 수 있다.

3. 치킨게임

국제정치학에서 사용하는 게임이론 가운데 하나이다. 1950년대 미국 젊은이들 사이에서 유행하던 자동차 게임의 이름이었다. 이 게임은 한밤중에 도로의 양쪽에서 두 명의 경쟁자가 차를 몰고 상대방에게 정면으로 돌진하다가 충돌 직전에 핸들을 꺾는 사람이 지는 게임이다. 핸들을 꺾은 사람은 겁쟁이, 즉 치킨으로 몰려 용기가 없는 사람으로 취급받는다. 그러나 어느 한 쪽도 핸들을 꺾지 않을 경우 게임에서는 둘 다 승자가 되지만, 결국 충돌함으로써 양쪽 모두 다치거나 사망한다. 즉, 어느 한 쪽도 양보하지 않고 극단적으로 치닫는 게임이 바로 치킨게임이다. 이 용어가 1950~1970년대 미국과 소련 사이의 극심한 군비경쟁을 꼬집는 용어로 차용되면서 국제정치학 용어로 굳어졌다. 그러나 오늘날에는 정치학뿐 아니라 여러 극단적인 경쟁으로 치닫는 상황을 가리킬 때도 인용되고 있다.

B의 이웃인 A는 염소를 한 마리 기르고 있는데, 가끔 B의 정원에서 채소를 뜯어 먹는다. 반면에 B에게는 사나운 개가 있는데, 이 개

가 A의 염소를 놀래 켜서 젖이 나오지 않는다. 둘 사이에 울타리를 세우면 문제는 해결된다. 울타리의 건설비는 30만 원인데, 울타리를 세움으로써 얻게되는 이익이 매우 커서 둘 가운데 어느 한 사람이 비용을 혼자 부담해도 본인에게 이익이 된다고 하자. 그렇지만 어느 한 편의 입장에서 볼 때 비용을 반씩 부담하는 것이 더 낫고, 상대방이 전액 부담해 준다면 최선이 되는 논리이다.

4. 구명선 윤리(Lifeboat ethics)

세계를 부자 나라와 가난한 나라로 나누면, 그중 3분의 2는 절대적으로 가난한 나라이고 단지 3분의 1만이 부자 나라에 해당된다. 비유적으로 말하면 부자 나라들은 부유한 사람들을 태우고 있는 하나의 구명정(lifeboat)이다. 이 구명정에 탄 사람들을 제외한 다른 사람들은 구명정에 올라타려고 하거나 아니면 최소한 부자 나라로부터 도움을 구하려고 허우적대는 사람들이다. 구명정에 타고 있는 사람들은 어떻게 해야 하는가? 구명정에 태울 수 있는 사람들의 수는 제한되어 있다. 우리가 탄 구명정에 50명의 사람들이 타고 있는데, 이 구명정에 10명을 더 태울 수 있다고 가정해 보자. 구명정 주변에는 100명의 사람들이 물에 빠져 허우적대면서 자신들도 구명정에 태워달라거나 최소한 자신들의 손이라도 붙잡아달라고 애원한다. 이 상황에서 우리가 "형제를 돌보라"는 기독교의 이상이나 "개인의 필요를 채워주라"는 마르크스의 이상에 따라서 그 사람들을 구한다고 생각해 보자. 물에 빠진 사람들에게 당장 필요한 바가 모두 동일하고, 그들 모두가 '우리의 형제'이기 때문에 우리는 100명 모두를 구명정에 태워야 한다. 그럴 경우 60명을 태울 수 있는 구명정에 150명이 올라타게 된다. 결국 구명정은 더 이상 버티지 못하고 모든 사람들이 물에 빠져 죽는다. 이것은 완전한 정의처럼 보이지만, 사실 완전한 재앙이나 다름없다.

5. 엔트로피(Entropy) 법칙

열역학 제2법칙, 즉 엔트로피(entropy) 법칙은 무엇인가? 엔트로피란 더 이상 '일'로 바꿀 수 없는 '사용 불가능한 에너지'에 대한 척도이다. 열역학 제1법칙에 따르면 에너지의 전체 양은 불변이기 때문에 에너지를 한없이 사용한다 하더라도 에너지는 손실되지 않고 분산되거나 그 형태만이 변한다. 반면에 열역학 제2법칙에 따르면 자연적인 사물들이 새로운 것들로 변화되거나 또 다른 가치 질서로 편입될 때 에너지가 사용되며 엔트로피가 높아진다. 사물들에 어떤 변화를 일으키는 '일'의 과정에서 에너지가 사용되는데 이때 에너지는 '사용 가능한 에너지' 상태에서 '사용 불가능한 에너지' 상태로 변환된다. 여기에서 '사용 불가능한 에너지' 상태란 에너지 자체가 소멸하는 것을 의미하는 것이 아니라 에너지가 분산되어 최고의 엔트로피에 이른 상태, 즉 '평형 상태'를 의미한다. 평형 상태는 더 이상 일로 사용될 에너지를 끌어낼 수 없는 상태로 사물들의 변화가 없는 정지 상태, 즉 일로 사용될 수 없는 죽음의 상태를 의미한다. 사용될 수 없는 상태로 변환된 에너지가 다시 '사용 가능한 에너지'로 전환되었을 때 비로소 이 에너지가 다시 어떤 일로 사용될 수 있을 것이다. 그런데 이 변환된 에너지가 적어도 본래의 '사용 가능한 에너지' 상태로 환원되기 위해서는 보다 많은 양의 다른 '사용 가능한 에너지'를 필요로 한다. 그렇기 때문에 엔트로피 법칙으로 보면 전체 '사용 가능한 에너지'의 양은 항상 줄어들고 '사용 불가능한 에너지'의 양은 더욱 증가한다. 지구상에서 이러한 '사용 가능한 에너지', 즉 자유 에너지는 지구 내부에 존재하는 부존자원(賦存資源)과 지구 외부로부터 들어오는 태양 에너지가 전부이다. 자연적으로 일어나는 생성 변화 과정과 인류의 기술 문명은 이 에너지들을 사용하여 새로운 질서를 창조하거나 보다 높은 차원의 가치를 창출하는 것에 지나지 않는다. 이러한 창출 과정에서 외부로부터 공급되는 태양 에너지와 부존자원 에너지를 사용하게 되어 엔트로피가 증가한다.

- 과학전문지 「과학사상」 (한양대 2000학년도 논술고사)

구약과 마찬가지로 신약 또한 훌륭한 논술학습 교재로 다가온다. 예수님이 하늘나라로 돌아가시자 제자들은 예수님이 남기신 '절정논술의 비법'을 전파시킴으로써 온 세상을 구하고자 헌신적으로 노력했다. 이스라엘 백성들에게 행하시던 하나님의 '논술 특강'이 예수님과 그 제자들로 인해 온 세상으로 퍼져나가기 시작한 것이다.

그중에서도 사도 바울은 '말로 하는 논술'이 아닌 '글로 쓰는 논술'을 실천한 '논술의 달인'이었다. '갈라디아서'부터 '디모데후서'까지 바울이 남긴 총 13권의 서신이 다름 아닌 '예수님의 복음을 전하는 논술문'인 것이다.

사도 바울이 '말로 하는 논술'이 아닌 '글로 쓰는 논술'을 실천했다는 점은, 논술을 학습함에 있어서 우리가 반드시 지켜야 할 상당히 중요한 사항이다. 대부분의 수험생들이 범하는 어리석은 행동 중의 하나가 수능이 끝나고 논술고사가 눈앞에 닥쳐 있는 상황에서도 쓰지는 않고 읽기만 한다는 것이다. 논술이 쓰는 시험이지 읽는 시험인가? 그 누가 생각해 봐도 금세 알 수 있는 내용이다. 쓰는 시험을 준비하기 위해서는 읽지만 말고 직접 써봐야 하는데도 급한 마음에 모범답안이나 배경지식만 읽는다. 하지만 그렇게 하는 것은 논술 능력에 전혀 도움이 되지 않는다.

읽은 만큼 써봐야 한다. 머리로 쓰지 말고 손으로, 직접 써야 한다. 그것도 PC로 쓰지 말고, 원고지에 볼펜으로 써야 한다. 적어도 논술고사장에서 PC로 글을 쓰게 될 그날까지는 그래야 한다.

논술의 궁극적인 목적

바울의 서신 중에서도 '로마서'는 논술신학에 있어서 '신약의 백미'로 꼽을 수 있다. 로마서를 주의 깊게 살펴보면, 논리적 전개의 기법을 충실히 지키고 있음을 알 수 있다. 즉 로마서에는 '그러므로' '그런즉' 등의 '논리어'에 의한 전개를 따르고 있다. 한번 살펴보면, 2장 1절에 그러므로, 3장 1절에 그런즉, 4장 1절에 그런즉, 5장 1절에 그러므로, 6장 1절에 그런즉, 8장 1절에 그러므로 ……. '그러므로'나 '그런즉'은 '~ 하기 때문에 ~ 하다'를 연결시키는 논리적 연결사로서의 역할을 하고 있다. 그런데 이 논리어가 많이 사용되는 것은 그만큼 '로마서'가 이유와 근거를 제시하면서 전개되는 뛰어난 변론서 혹은 논술서적이기 때문이다.

기독교 교리 중에서 가장 많은 논증과 변론을 가져온 것 중의 하나인 '이신칭의(예수 그리스도를 믿는 믿음을 통해 의인의 신분을 얻는 것)' 논증이 로마서에 제시되고 있다는 것도 로마서의 변증서로서의 가치를 더해 준다.

로마서가 논리적인 답안 작성의 중요성을 다시 한 번 가르쳐 주고 있다면 '빌레몬서'는 설득의 방법을 가르쳐 주고 있다. 빌레몬서는 빌레몬의 집에서 도망친 노예 오네시모를 빌레몬이 용서하고 받아들여 줄 것을 간구하는 옥중서신이다. 빌레몬의 집에서 죄를 짓고 로마로 도망친 오네시모는 또 다시 죄를 짓고 감옥에 갇히게 되었는데, 그 감옥에는 복음을 증거하다가 잡혀온 사도 바울이 갇혀 있던 것이다. 빌레몬의 입장에서 본다면 죄를 짓고 도망친 노예인 오네시모를 용서하는 것은 무척 힘든 일이다. 하지만 바울은 빌레몬에게 오네시모를 용서하고 받아들여서 동역자로 대해 줄 것을 간구하는 내용이다.

한 장 분량의 짧은 서신인 빌레몬서는 그러나, 서론과 본론, 결론이 잘 갖추어진 탄탄한 형식 속에 뛰어난 설득과 간구를 전개시킴으로써 '논술신학의 아름다움'을 잘 보여주고 있으며 궁극적으로는 하나님의 영광을 잘 드러내고 있다.

또한 바울이 남긴 고린도전서 13장은 논술의 궁극적인 목적을 잘 가르쳐 주고 있다. '감사의 글'에서 소개했던 고린도전서 13장 4절부터 7절까지의 말씀이다. "사랑은 오래 참고 사랑은 온유하며 시기하지 아니하며 사랑은 자랑하지 아니하며 교만하지 아니하며 무례히 행하지 아니하며 자기의 유익을 구하지 아니하며 성내지 아니하며 악한 것을 생각하지 아니하며 불의를 기뻐하지 아니하며 진리와 함께 기뻐하고 모든 것을 참으며 모든 것을 믿으며 모든 것을 바라며 모든 것을 견디느니라."

우리가 논술을 공부하는 궁극적인 목적은, 사랑을 실천하기 위해서다. "새 계명을 너희에게 주노니 서로 사랑하라 내가 너희를 사랑한 것 같이 너희도 서로 사랑하라 너희가 서로 사랑하면 이로써 모든 사람이 너희가 내 제자인 줄 알리라"(요한복음 13:34-35)고 말씀하셨다. 논술의 궁극적인 목적을 예수님이 분명히 가르쳐 주고 계신 대목이다.

말씀의 연단을 받으라

바울의 서신 이외에도 논술을 가르치시는 예수님의 말씀은 신약 전체를 관통하고 있다. 그중 두 가지만 살펴보면 다음과 같다.

첫째, 히브리서 5장에서는 말씀의 연단을 받아서 선과 악을 분별할 것을 가르치고 있다. "때가 오래 되었으므로 너희가 마땅히 선생이 되었을 터인데 너희가 다시 하나님의 말씀의 초보에 대하여 누구에게서 가르침을 받아야 할 처지이니 단단한 음식은 못 먹고 젖이나 먹어야 할 자가 되었도다. 이는 젖을 먹는 자마다 어린 아이니 의의 말씀을 경험하지 못한 자요 단단한 음식은 장성한 자의 것이니 그들은 지각을 사용함으로 연단을 받아 선악을 분별하는 자들이니라."
(히브리서 5:12-14)

선과 악을 분별하는 세련된 지각을 갖추려면 말씀의 연단을 받아야 하는데, 말씀의 연단을 받는다는 것은 성경 말씀을 통한 논술학습을 거쳐야 한다는 뜻이다.

또한 히브리서의 이 말씀은 수준에 맞게 단계별로 학습할 것을 가르치고 있다. 자신의 논술실력이 젖을 먹어야 하는지 단단한 음식을 먹어야 하는지는 사기 자신이 가장 잘 안다. 어띤 학습을 해야 힐지 자신의 수준을 올바르게 자각하여, 거기에 맞는 학습을 할 필요성을 가르쳐 주는 대목이다.

말에 실수가 없도록 하라

둘째, 야고보서 3장은 말조심할 것을 가르치고 있다.

우리가 다 실수가 많으니 만일 말에 실수가 없는 자라면 곧 온전한 사람이라 능히 온 몸도 굴레 씌우리라 우리가 말들의 입에 재갈 물리는 것은 우리에게 순종하게 하려고 그 온 몸을 제어하는 것이라

또 배를 보라 그렇게 크고 광풍에 밀려가는 것들을 지극히 작은 키로써 사공의 뜻대로 운행하나니 이와 같이 혀도 작은 지체로되 큰 것을 자랑하도다 보라 얼마나 작은 불이 얼마나 많은 나무를 태우는가.

(야고보서 3:2-5)

천지창조의 원리에서 이미 살펴본 내용이다. 하나님이 말씀으로 빛을 창조하셨듯이, 하나님의 형상을 닮은 우리 인간의 말씀의 능력은 참으로 크다.

사람을 살릴 수도 있고, 죽일 수도 있는 것이 '말'이다. 논술을 잘못 이해하면, 서로 자기가 옳다고 주장하며 치고 박고 싸울 수 있는데 그것은 논술이 아니다. 단지 '말싸움'일 뿐이다.

논술은 말싸움이 아니다. 논술은 남을 해치기 위해서 하는 것도 아니고, 남을 슬프게 하기 위해서 하는 것도 아니다. 말을 조심해야 한다. "말에 실수가 없도록 하라"는 것은 성경이 가르치고 있는 실전논술의 또 하나의 원리이다.

성경의 말씀과 신학의 논리는 현실세계의 실전논술과 실제 어느 정도의 연관성이 있을까? 이 질문에 대한 답을 구하기 위해서 '서울대 2005학년도 정시 논술고사' 문제를 살펴보자. 너무 길기 때문에 제시문의 소개는 생략하기로 하고 논제만 살펴보면 "사물에 대한 올바른 인식에 어떻게 도달할 수 있는가"를 논술하는 문제가 출제되었다. 이는 전형적인 인식론 문제이다.

실전논술에는 두 가지 큰 줄기가 있는데, 인식론과 윤리학의 줄기이다. 대입 논술고사의 거의 모든 문제가 인식론이나 윤리학 문제, 혹은 인식론과 윤리학이 혼합된 문제이다. 논술학습을 제대로 하기 위해서는 이러한 흐름을 파악하고 있어야 한다. 실전논술의 흐름이 왜 인식론과 윤리학의 줄기로 나타나고 있을까? 그것은 대입 논술고사가 수험생의 사유 능력을 테스트하는 시험이기 때문이다. 인간의 사유를 다루는 학문이 바로 철학인데, 철학의 큰 줄기가 바로 인식론과 윤리학이기 때문이다.

"사물에 대한 올바른 인식에 어떻게 도달할 수 있는가"라는 '서울대 2005학년도 정시 논술고사' 문제가 인식론을 대표하는 문제라면, "경쟁의 공정성과 경쟁 결과의 정당성"을 논술하는 '서울대 2006학년도 정시 논술고사' 문제는 윤리학을 대표하는 문제이다.

그리고 '호동왕자와 김부식의 가치관'에 대해 논술하는 '서울대 2007학년도 수시 논술고사' 문제는 인식론과 윤리학의 혼합형 문제이다. 앞으로 어떤 문제가 출제되건 인식론과 윤리학, 또는 이 둘의 혼합형 문제라는 줄기에서 벗어날 수 없다.

그 이유는 인간의 사고가 인식론과 윤리학이라는 두 가지 철학적 틀 속에서 형성되고 발전되고 있기 때문이다. 형이상학이나 존재론 등등의 철학적 사유도 이 두 가지 틀 속에 흡수되어 흘러간다. 그렇다면 인식론과 윤리학이라는 철학적 줄기가 성경 및 신학과 무슨 관계가 있을까? 이 질문에 대한 답은 지극히 간단하다.

"하나님은 누구이신가?" 혹은 "우리는 신을 어떻게 인식할 수 있을까?"가 인식론이고, "하나님의 말씀을 우리가 일상에서 어떻게 실천할 수 있을까?"가 윤리학이다.

다시 말해서 하나님을 인식하려는 노력이 인식론이고 하나님의 말씀에 순종하려는 노력이 윤리학에 해당된다.

"나에 대한 지식이 없이는 하나님에 대한 지식이 없다. 하나님에 대한 지식이 없이는 나에 대한 지식이 없다."

종교개혁자 칼뱅이 『기독교 강요』라는 책에서 언급한 유명한 말이다.

교회에 다니며 성경을 열심히 읽고 기도를 드리는 생활을 하면, 이러한 인식론과 윤리학적 사유가 저절로 틀을 잡아나간다. 그 틀 속에서 원고지에 직접 쓰는 '실전훈련'만 해주면 되는 것이다.

그리고 반드시 해야만 하는 것이 한 가지 더 있다.

성경 독서의 기초를 토대로 논술고사의 기출문제를 전부 살펴보아야 한다. 파일을 하나 만들어서 지난 10년간 실시된 모든 대학의 기출문제를 순서대로 모아 수시로 공부해야 한다. 실전논술의 기초를 잡으려면 기출문제의 지문을 반드시 읽어봐야 한다. 이 책에서 필자가 논술고사의 각종 제시문을 소개하는 데 적지 않은 지면을 할애한 것도 그 때문이다.

성경읽기가 논술학습에 도움을 준다는 사실을 다음의 '고려대 1998학년도 논술고사'가 보여주고 있다.

고려대 1998학년도 논술고사

(나) 인간의 본성에는 싸움을 불러일으키는 세 가지의 요소가 있음을 알 수 있다. 첫 번째는 경쟁심이고, 두 번째는 소심함이며, 세 번째는 명예욕이다. 경쟁심은 인간으로 하여금 이득을 보기 위해, 소심함은 안전을 보장받기 위해, 명예욕은 좋은 평판을 듣기 위해 남을 해치도록 유도한다. 경쟁심은 타인과 그 처, 자식과 가축을 자기 것으로 만들기 위해, 소심함은 자기 자신을 보호하고 방어하기 위해, 명예욕은 자기 자신을 직접적으로 겨냥하거

나, 아니면 자신의 가족, 동료, 민족, 직업 또는 이름에 간접적으로 먹칠을 하는 말, 비웃음, 상이한 견해뿐만 아니라 경멸의 몸짓 등과 같은 하찮은 일에도, 인간으로 하여금 폭력을 사용하도록 만든다.

따라서 강력한 국가가 모든 이에게 두려움의 대상으로 존재하지 않는 상황에서 살아갈 때 인간은 '전쟁'이라고 불리는 상태에 놓일 것이 분명하다. 그러한 전쟁상태는 만인에 대한 만인의 전쟁을 의미한다. 그러한 상태에서는 노동의 결실을 누릴 수 없는 불확실성이 삶을 지배하기 때문에 노동할 이유가 없다. 그 결과 토지의 경작도, 항해의 필요성도, 해외로부터 수입되는 물건의 가치도, 널찍한 건물도, 물건을 이동시키고 옮겨 주는 운송의 수단도, 지구가 어떠한 모습인가에 대한 지식도, 시간에 대한 계산도, 예술이나 문학, 사회도 존재하지 않는다. 특히 그 무엇보다 나쁜 것은 끝이 보이지 않는 공포감이고 피비린내 나는 죽음의 위험성이다. 전쟁상태에서 인간은 고립되고 비참하고 험악하며 단명하고 짐승 같은 삶을 살아 갈 수밖에 없다.

국가가 등장하는 까닭이 여기에 있다. (천성적으로 자유를 사랑하는 동시에 타인을 지배하기를 좋아하는)인간이 국가의 구속 아래 살아가고 자기 자신에게 제약과 통제를 가하는 것에 동의하게 되는 궁극적 원인이나 목적 및 동기는, 그들 자신의 생명을 보존하고 그 결과 보다 만족스러운 삶을 누리려는 인간 자신의 통찰력에 있다. 다시 말하면 인간 위에 무서운 존재로 군림하고 그들에게 처벌에 대한 공포감을 불어넣어 옭아매는 가시적 권력이 없을 때, 인간의 자연스러운 욕구와 열망에 의하여 빚어질 수밖에 없는 처참한 전쟁 상태로부터 벗어나기 위하여, 인간 자신이 국가에 의한 구속을 받아들이는 것이다. 이것은 만인으로 하여금 그들 모두의 권력과 힘을 한 사람이나 한 집단에게 양도하고 그들 모두의 의지를 다수결에 따라 그 사람이나 그 집단의 의지로 축소·대체시키는 것이다. 다시 말하면, 개개의 인간이 한 사람이나 한 집단을 지명하여 자신의 모든 권리를 송두리째 양도하고, 만인의 공동 평화와 안전에 관련되는 사안에서 그 사람이나 그 집단이 취하거나 취할 수밖에 없는 행동이 바로 개개인 자신의 행동이라는 사실을 만인이 스스로 받아들이는 것이야말로 전쟁 상태로부터 탈출하는 유일한 길인 것이다. 결국 만인은 그들 자신을 그의 의지에 복종시키고 그이 판단에 맡기는 셈이다.

이러한 행위는, 만인에 대한 만인의 계약에 의해 만들어진 단일한 권력체인 국가 내로 만인을 끌어넣는 것으로, 만인의 진정한 통일을 의미한다. 마치 만인이 만인에게, "당신이 그 권력체에 당신의 권리를 포기하고 그 모든 행동과 조치를 승인한다는 조건하에나 역시 내 자신에 대한 나의 지배권을 그 권력체에 포기하고 그 행동과 조치를 받아들일 것이다"는 식의 선언을 동시에 하는 것과 같다. 이는 저 위대한 '리바이어던'(보다 경건한 자세에서 말한다면) 인간적 신(神)인 국가가 형성되는 것을 의미한다. 만인은 불멸하는 유일신과 가호 아래 자신들의 평화와 보호를 인간적 신인 국가에 의탁하게 되는 것이다.

그러나 그 손에 무한한 권력을 쥐고 있는 사람이나 집단의 욕망과 격정에 이리저리 시달릴 신민(臣民)의 상태는 대단히 비참할 것이라는 반론을 제기할 사람이 있을지 모른다. 그러나 국가에 대해 불평하는 것은, 어떠한 형태로든

불편함 속에 존재할 수밖에 없는 것이 인간의 상황이라는 점, 국가 형태가 무엇이든 간에 그 안에서 인민에게 일어날 수 있는 최악의 해악은 내전의 현장에서 벌어지는 비참함과 가공할 재난에 비하면 별 것 아니라는 점, 그리고 약탈과 복수를 못하도록 만인의 손을 묶어두는 법과 강제력에서 벗어날 때, 그 상전 없는 인간이 처하게 되는 상태란 혼란뿐이라는 점을 고려하지 않은 것이다.

- 토마스 홉스, 『리바이어던』

논술고사의 논제는 반복해서 출제된다

앞의 제시문을 살펴보면 두 가지 특징을 알 수 있다.

첫째, 논술고사의 논제는 반복해서 출제된다.

고려대의 제시문에 '경쟁심'이라는 단어가 등장한다. 인간의 경쟁적 속성을 잘 통제하기 위해서는 국가가 필요하다는 논리이다. 인간의 경쟁을 방치했다가는 전쟁이 일어나 죽음에 이를 수밖에 없기 때문에 만인에 대한 만인의 계약에 의해 만들어진 단일한 권력체인 국가 내로 만인을 끌어넣어야 한다는 내용이다.

재미있는 것은 앞에서 방금 살펴보았던 '서울대 2006학년도 정시

논술고사'의 논제가 "경쟁의 공정성과 경쟁 결과의 정당성"을 논하는 것이었다는 사실이다. 묻는 방법과 제시문만 달랐지, 큰 틀에서 보면 대동소이한 문제라고 할 수 있다. 논제와 제시문은 돌고 돈다. 인간의 사유가 인식론과 윤리학적 틀 속에서 벗어날 수가 없기 때문이다. 지난 10년 동안의 기출문제와 제시문을 낱낱이 탐독하라는 이유가 여기에 있다.

논술고사의 '족집게 문제'를 구하고 싶다면, 지난 10년간의 기출문제를 살펴보면 된다.

예를 들어보면, '서강대 2007학년도 정시 논술고사'에 출제되었던 "웃음"과 "죽음"에 대한 제재는 논제와 제시문 둘 다 그동안의 기출문제를 그대로 빼닮았다. '가톨릭대 1998학년도 모의고사'에는 "현대 한국인의 웃음"이 출제되었고, '서강대 2002학년도 2차 예시문제'에는 "웃음의 의미"가 출제되었고, '연세대 2004학년도 정시 논술고사'에는 "웃음의 사회적 기능"에 대해 출제되었다. 또한 '서울대 1998학년도 논술고사'에서는 "죽음에 대한 견해"가 출제되었으며, '서강대 2001학년도 논술고사'에는 "인간이 죽음에 대해 가져야 할 태도"가 출제되었고 '서울대 2007학년도 수시 논술고사'에는 "호동왕자의 죽음"이 등장한다.

왜 이런 현상이 벌어지는 것일까? 대학 측에서 문제를 성의 없이 출제한 것일까? 2001학년도 논술고사와 2002학년도 2차 예시문제를 합쳐놓은 문제가 2007학년도에 출제되었으니, 성의 없이 출제했다고 볼 수도 있다.

그러나 곰곰이 생각해 보면, 성의 없이 출제한 게 절대 아니라는 결론이 나온다. 어차피 인간의 사유는 거기서 거기, 도토리 키 재기에 불과하다. 논술고사 10년의 역사 속에서 드러난 인간의 사유가 하루아침에 급변할 수는 없는 법이다.

논리적으로 볼 때 어차피 출제의 주체는 인간이다. 때문에 인간의 사유를 벗어나는 문제는 출제할 수 없다.

성경의 콘텐츠는 모든 학문의 출발점이 된다

둘째, 성경의 콘텐츠는 모든 학문의 출발점이 된다.

토마스 홉스의 너무도 유명한 저작물인 『리바이어던』의 제목은 어디서 비롯되었을까?

'리바이어던(Leviathan)'은 성경에서 유래된 말이다. 성경의 욥기와 시편, 이사야 등에 나오는 리워야단(leviathan)과 영어 알파벳도 동일하다. 리워야단은 '꼬이다', '감다'라는 뜻을 가진 히브리어 '라와(lawa)'와 거대한 해양괴물을 뜻하는 히브리어 '탄닌(tannin)'에서 유래되었는데, 그 어원으로 보아 리워야단은 '감긴 꼬리를 가진 거대한 해양괴물'이라고 유추할 수 있다.

이것이 리바이어던(혹은, 리바이어선)이라는 제목의 유래인데, 토마스 홉스의 아버지가 목사였다는 사실이 그가 '리바이어던'이라는 제목을 붙이게 된 데 전혀 영향을 주지 않았다고는 말할 수 없다. 종교개혁 이후에 태어나 근대에 활동한 인물인 토마스 홉스(1588~1679)는 성경을 바탕으로 한 인식론과 윤리학적 틀을 벗어날 수 없었던 것이다. 따라서 토마스 홉스의 『리바이어던』을 제대로 이해하려면 성경에 대한 충분한 독서와 이해가 전제되어야 한다.

'고려대 2007하년도 정시 논술고사'에는 "예술의 효용성"에 대한 논제가 출제되었다. 성경에서는 음악과 미술 등의 예술을 어떻게 담아내고 있을까? "그의 아우의 이름은 유발이니 그는 수금과 퉁소를 잡는 모든 자의 조상이 되었으며"(창세기 4:21)라는 말씀에 의하면 최초의 음악가는 '유발'이며, 성경 속에는 하나님을 찬양하는 노래가 나온다.

또한 "브살렐이 조각목으로 궤를 만들었으니 길이가 두 규빗 반, 너비가 한 규빗 반, 높이가 한 규빗 반이며"(출애굽기 37:1)라는 말씀에 의하면 역사에 기록된 최초의 미술가는 '브살렐'이다. 미술을 제대로 이해하려면 미켈란젤로(1475~1564)의 '천지창조'와 같은 하나님을 찬양하는 그림을 이해할 수 있어야 한다.

『과학혁명의 구조』로 유명한 토머스 쿤이 제시한 '패러다임'은 실은 진정한 의미에서의 새로움은 아니다. 예를 들면, '연세대 2005학년도 정시 논술고사'에 티치아노(1488~1576)라는 이탈리아 화가의 〈인간의 세 시기〉라는 그림이 출제되었다. 그는 르네상스 시대의 대표적인 화가이며 〈성모승천〉이라는 작품으로 유명한 그의 미술세계에는 16세기라는 시대적 조류 속에서도 신약시대의 성경의 콘텐츠가 흐르고 있다. 성경의 콘텐츠가 1,500년이라는 시공을 초월하여 반복적으로 재현되는 것이다. 교회에 다니며 성경을 열심히 읽은 수험생이 〈예수의 세례〉, 〈빌라도 앞에 선 예수〉, 〈가시 면류관을 쓴 예수〉, 〈십자가에 못 박힌 예수〉 등의 그림을 남긴 티치아노의 작품세계를 이해하는 데 훨씬 더 유리하다.

'예수 그리스도'라는 패러다임이 구약의 틀을 전승하고 있듯이, 새로운 패러다임이라고 일컬어지는 21세기의 각종 사유도 실은 구약과 신약, 그리고 중세과 근대의 사유를 끊임없이 반복하고 재현하고 있다. 많은 사람들이 고전을 읽을 것을 강조하는 것이 바로 그 때문이고, 인류 역사상 가장 널리 읽히고 가장 많이 읽히는 고전 중의 고전이 바로 '성경'이다.

성경의 패러다임은 오늘날에도 반복되고 있다. 예를 들면, 고려대와 서울대 등에서 출제되었던 '경쟁'이라는 논제는 성경 속에서도 수도 없이 많이 반복되고 있다.

'에덴동산의 논술경시대회'에서 뱀이 여자를 이긴 것은 여자의 경쟁심을 자극했기 때문이다. 그 나무 열매를 먹으면 눈이 밝아지고 하나님처럼 될 수 있다는 뱀의 말에, 하나님에 대한 타오르는 경쟁심을 억제하지 못하고 여자는 열매를 먹게 된다.

인류 최초의 살인 사건이었던 가인의 살인은 동생 아벨에 대한 가인의 억제할 수 없는 경쟁심 때문에 촉발되었다.

또한 탑 꼭대기를 하늘에 닿게 해서 하나님과 경쟁하려고 했던 '바벨의 논술대란 사건'이 일어났으며, 그 후 사방팔방 흩어져 살게 된 인간의 경쟁은 지구 전체로 확대되어 오늘날까지 이르고 있다.

수고하고 무거운 짐 진 자들아 다 내게로 오라

앞에서 살펴보았듯이 우리가 사회적 경쟁을 피할 수 없는 숙명을 안고 이 땅에 태어난 이유는 하나님과 경쟁하려고 열매를 따먹은 '에덴동산의 논술경시대회' 때문이다. 하나님과 경쟁하려는 마음을 지닌 인간의 원죄는 오늘날 대입수능과 논술고사라는 피할 수 없는 경쟁제도를 반드시 거쳐야만 하는 구조 속에서 살게 만들었다.

우리에게 있어서 내신과 수능, 논술고사는 '리바이어던'과도 같은 존재이다. 성경 속의 '리워야단'는 한없이 두려운 존재로 묘사되어 있다.

참으로 잡으려는 그의 희망은 헛된 것이니라 그것의 모습을 보기만 해도 그는 기가 꺾이리라 아무도 그것을 격동시킬 만큼 담대하지 못하거든 누가 내게 감히 대항할 수 있겠느냐 누가 먼저 내게 주고 나로 하여금 갚게 하겠느냐 온 천하에 있는 것이 다 내 것이니라 내가 그것의 지체와 그것의 큰 용맹과 늠름한 체구에 대하여 잠잠하지 아니하리라 누가 그것의 겉가죽을 벗기겠으며 그것에게 겹재갈을 물릴 수 있겠느냐 누가 그것의 턱을 벌릴 수 있겠느냐 그의 둥근 이틀은 심히 두렵구나 그의 즐비한 비늘은 그의 자랑이로다 튼튼하게 봉인하듯이 닫혀 있구나.

(욥기 41:9~15)

　그러한 리워야단과 싸워서 이겨야 하는 게 우리의 숙명이다. 그러나 우리의 힘은 너무도 미약하고, 우리가 갖고 있는 지식과 지혜는 너무도 짧으며 견문과 경험은 너무도 부족하다. 리워야단과 반드시 싸워 이겨야 하는 경쟁 구조 속에 살고 있는데, 우리의 힘과 지혜가 터무니없이 부족하니 우리의 삶이 이토록 피곤하고 힘겨운 것이다. 그러한 우리를 구하려고 이 땅에 오신 분이 바로 '예수 그리스도'이시다. 빌라도의 법정, 혹은 빌라도의 총독 관저에서 예수님은 빌라도 총독에게 이렇게 말씀하신다.

　"나는 진리를 증언하려고 태어났으며, 진리를 증언하려고 세상에 왔다"(요한복음 18:37. 표준새번역).

진리를 드러내어 세상 사람들에게 진리를 깨닫게 하려고 오셨다는 이 말씀을 논술신학의 관점에서 보면, "나는 논술을 가르치기 위해 태어났으며, 논술을 가르치기 위해 세상에 왔다", 혹은 "나는 공부를 가르치기 위해 태어났으며, 공부를 가르치기 위해 세상에 왔다"는 뜻이 된다. 진리를 세상에 드러내는 과정이 곧 공부이며, 공부는 끊임없는 학습행위를 통해서 진리를 추구하기 때문이다.

예수님은 하나님과 경쟁하려고 했던 인간의 원죄를 전부 씻어 주시기 위해 이 땅에 오셨다. 그리고 수많은 논술특강을 통해서 리워야단과 싸워서 이길 수 있는 힘을 직접 가르쳐 주셨다.

예수님은 이렇게 말씀하신다.

"수고하고 무거운 짐 진 자들아 다 내게로 오라 내가 너희를 쉬게 하리라"(마태복음 11:28).

십자가에서의 죽음과 부활 승천의 기쁜 소식을 미리 알려준 것이다. "내신과 수능, 논술고사의 무거운 짐을 진 자들아, 다 내게로 오라. 내가 너희를 편히 쉬게 하리라."

또한 예수님은 이렇게 말씀하셨다.

> 아직 잠시 동안 빛이 너희 중에 있으니 빛이 있을 동안에 다녀 어
> 둠에 붙잡히지 않게 하라 어둠에 다니는 자는 그 가는 곳을 알지
> 못하느니라 너희에게 아직 빛이 있을 동안에 빛을 믿으라 그리하면
> 빛의 아들이 되리라.
>
> (요한복음 12:35~36)

어둠 속에서는 책을 볼 수 없다. 어둠 속에서는 공부를 할 수 없다. 빛이 있어야 책을 볼 수 있고, 빛이 있어야 공부를 할 수 있다.

"나는 세상의 빛이니 나를 따르는 자는 어둠에 다니지 아니하고 생명의 빛을 얻으리라"(요한복음 8:12). 삶의 모범을 보여주시기 위해 예수님은 이 땅에 빛으로 오셨다.

"논술은 이렇게 하는 거야!"

"공부는 이렇게 하는 거야!"

'복음(福音)'이란 어둠이 물러갔다는 '밝은 소식'이다. 예수 그리스도의 복음이란 예수님이 십자가에 매달려 숨지심으로써 우리의

모든 어둠을 씻어 주셨으며, 죽으셨다가 다시 부활하시어 하늘나라로 올라가심으로써 우리에게 죽음의 어둠을 이기는 '생명의 빛'을 선물해 주셨다는 '은혜'와 '진리'의 소식이다.

"율법은 모세로 말미암아 주어진 것이요 은혜와 진리는 예수 그리스도로 말미암아 온 것이라"(요한복음 1:17). 지상의 그 누구도 자신의 목숨을 내던지며 은혜와 진리의 빛을 제자들에게 선물했던 '선생님'은 없었다.

예수 그리스도의 복음이 우리에게 기쁨이 되는 이유는, 천지창조에서부터 시작된 하나님의 기나긴 논술특강이 예수님의 십자가 사역으로 완성되었기 때문이다. 우리는 예수님을 통해서 내신, 수능, 논술고사의 무거운 짐을 벗을 수 있게 되었다. 천지창조의 빛이 예수 그리스도의 은혜와 진리의 빛으로 완성된 것이다.

"다 이루었다!"(요한복음 19:30).

십자가에 매달려 숨지시기 직전에 예수님은 장대하고도 웅장한 논술문의 마지막 문장을 이렇게 완성하셨다.

"다 이루었다!"

초판 인쇄 | 2007년 8월 14일
초판 발행 | 2007년 8월 21일

지은이 | 이인석
펴낸이 | 심만수
펴낸곳 | (주)살림출판사
출판등록 | 1989년 11월 1일 제9-210호

주소 | 413-756 경기도 파주시 교하읍 문발리 파주출판도시 522-2
전화 | 영업부 031)955-1350 기획편집부 031)955-1363
팩스 | 031)955-1355
이메일 | salleem@chol.com
홈페이지 | http://www.sallimbooks.com

ISBN 978-89-522-0692-3 04230

* 잘못된 책은 구입하신 서점에서 바꾸어 드립니다.
* 저자와의 협의에 의해 인지를 생략합니다.

값 12,000원